kurz & bündig

Sportkletterin.
Höhlenforscherin.
Wahlfranzösin.

Nina Caprez

von Dominik Osswald

kurz & bündig Verlag | Frankfurt a. M. | Basel

Besuchen Sie kurz & bündig Verlag im Internet:
www.kurz-und-buendig-verlag.com

Lektorat: Rainer Vollmar und Henrik Halbleib, Frankfurt a. M.
Gestaltung: Katja von Ruville, Frankfurt a. M. nach einer Idee von Fanny Oppler, Basel
Cover- und Inhaltsfotografien: Tobias Sutter, Münchenstein (www.tobias-sutter.ch)
Fotografien der Kletterszenen: Michael Pang (S. 9), Stefan Kuerzi (S. 19), Jan Novak (S. 51, 67), Robert Bösch (S. 59), Sam Bié (S. 63, 99, 109)
Satz: Katja von Ruville, Frankfurt a. M.
Druck und Bindung: Memminger MedienCentrum, Memmingen

ISBN 978-3-907126-01-1

»When people say, *It can’t be done*, or *You don’t have what it takes*, it makes the task all the more interesting.«

Lynn Hill

Vorwort: Eine Frage der Optik

»Wasserfälle schießen von den Flanken, als hätten die Berge Rohrbruch erlitten.«

Das schrieb ich vor drei Jahren, als ich zum ersten Mal ins Prättigau fuhr, um mich mit Nina Caprez für einen Zeitungsartikel zu treffen. Wir redeten eigentlich nur übers Klettern – die Bühne, auf der Nina bekannt wurde. Ich war losgeschickt worden, das Bild einer wagemutigen Sportlerin zu zeichnen. Ich zeichnete es. Wir sprachen von Mut, Adrenalin, Durchbeißen, Risiko, Erfolg, Karriere. Die Fotografin baute einen Schirm auf und wies Nina an, über die Schulter zu schauen und die Rückenmuskeln anzuspannen. »Eine der besten Kletterinnen der Welt« lautete der Aufhänger, und der Titel meines Textes: »Tanz in der Vertikalen.«

Als ich Ende Dezember 2018 wieder in das Tal einbiege, ist das Wetter auch mies, doch von Rohrbruch zu schreiben wäre übertrieben. Anfang des Jahres war ich mit Nina auf einer Reise, danach mehrere Male bei ihr zuhause. Ich wollte herausfinden, wer Nina wirklich ist – abseits des Begriffs »eine der besten Kletterinnen der Welt«. Wie lebt jemand, dessen Lebensinhalt sich um Felswände dreht? Und was hat das mit dem Leben am Boden zu tun?

»Klettern bedeutet für mich die absolute Fokussierung auf den Moment. Man ist mit seinen Gedanken völlig absorbiert und nur bei der nächsten Bewegung, dem nächsten Griff.«

»Klettern bedeutet für mich die absolute Fokussierung auf den Moment. Man ist mit seinen Gedanken völlig absorbiert und nur bei der nächsten Bewegung, dem nächsten Griff . Man weiß genau, was man zu tun hat, stellt nichts in Frage. Die Richtung ist klar: Es geht nach oben. Doch führt man die Bewegung falsch aus, fällt man«, sagt Nina.

Als sie im Jahr 2011 die Route »Silbergeier« im Rätikon kletterte, gingen Bilder davon durch die Medien. Nina wurde auf einen Schlag einem breiteren Publikum bekannt. Eine junge, hübsche Frau, die sich in Felswände begibt, um mit einem Lächeln auf dem Gesicht der Leere unter sich zu trotzen. Das interessierte, weil es kontrastreich war. Vielleicht spielte auch Unverständnis mit, weil man das Risiko unnötig herausgefordert vermutete. Doch die Exponiertheit hoch über dem Boden ist Ninas Optik auf das Leben. Sie empfindet Glück, wenn sie sich klein vorkommt, verloren, unbedeutend. Prioritäten, Sorgen, Ziele … Was ist wirklich wichtig im Leben? In einer Felswand ist alles anders. Im Libanon auch.

Kapitel 1: Abseits des »klassischen Schweizer Wegs«

Beirut, Libanon, 22. Mai 2018

Ein Nachtflugverbot scheint die libanesische Metropole am Mittelmeer nicht zu kennen, wer von Europa nach Beirut fliegt, kommt spät an. Es ist drei Uhr morgens, als mein Flugzeug landet. Nina wartet schon. »Welcome to Beirut«, begrüßt sie mich gähnend, hievt mein Gepäck in das Mietauto, das unübersehbar von einem langen Kletterwochenende zeugt: Wasserflaschen, Seile, Kletterfinken, Melonen liegen wild durcheinander.

Nina zu treffen ist gar nicht so einfach – ständig ist sie unterwegs, überall in der Welt. Bei der Suche nach Terminen schrieb sie schließlich Anfang 2018: »Komm mit in den Libanon. Ich gehe im Mai hin, ich begleite dort ein Projekt, da klettern wir mit Flüchtlingen.« Es sei ihr wichtig, dass sie von ihrem privilegierten Leben als Profikletterin auch etwas zurückgeben könne, das über Vorträge oder spektakuläre Bilder für Sponsoren hinausgeht. Here we are …

Seit vier Tagen weilt Nina im Libanon. Unsere nächtliche Fahrt führt uns aus der pulsierenden Hauptstadt ins immer dunkler werdende Hinterland, vorbei an bunt beleuchte-

»So unbedeutend es aussehen mag, sich eine Felswand hochzukämpfen – was ich dabei empfand, konnte ich mit nichts anderem vergleichen. Und ich sagte mir: Egal, was andere sagen oder von mir denken – wenn sich etwas so richtig anfühlt, dann ist es das, was ich verfolgen will.«

ten Betonmischern, die mühselig in einer Karawane die steile Straße hochschleichen. Der Verkehr wirkt anarchisch, doch es gelten unausgesprochene Regeln des Sich-Durchsetzens: Beharren und wenn immer möglich hupen und überholen. Nina nennt es so: »go with the flow«, ihr Fahrstil ist zügig und selbstbewusst. Manchmal hebt sie den linken Oberschenkel an, wenn sie freie Hände braucht, und hält so das Auto auf Kurs. Sylvan Esso tönt aus den Boxen: »Maybe in a fire or
 crash off a ravine. People would weep, ›How tragic, so early‹. I was gonna die young.«

Nach einer Dreiviertelstunde gelangen wir auf eine Anhöhe und blicken in eine dunkle Ebene hinunter. Schwache Lichter säumen die Straße. Die Lastwagen haben wir hinter uns gelassen, der Himmel ist dunkelblau und am Horizont schon leicht hell. Vor uns erstreckt sich die Bekaa-Ebene am Fuße eines dunklen Hügelzugs, dahinter liegt Syrien. In der friedlichen Nacht lässt sich nichts vom Krieg erahnen, der sich jenseits der Hügel abspielt.

Nach wenigen Stunden Schlaf werden wir von Beat Baggenstos empfangen. Er ist der Gründer der Hilfsorganisation ClimbAID, die hier zwischen Flüchtlingscamps und Obstplantagen ein Haus bezogen hat. Davor steht ein Lieferwagen, der zur Kletterwand umfunktioniert wurde, der »Rolling Rock«. Damit sucht ClimbAID die Flüchtlingscamps auf, aber auch libanesische Dörfer entlang der syrischen Grenze – beiderorts ließ der Syrienkrieg Kinder ohne Beschäftigung und ohne Perspektiven zurück.

Auf die Frage, was Beat mit ClimbAID im Libanon bewir-

ken will, sagt er: »Ich will etwas beisteuern, das mir selber auch viel bedeutet im Leben. Klettern hat mir sehr geholfen, zu meinem inneren Frieden zu finden.« Dann verschwindet er hinter dem Laptop, wo er komplizierte Pläne einer Achsaufhängung studiert und auf der ganzen Welt nach Ersatz telefoniert – die Achse des »Rolling Rock« war nur Tage vor unserer Ankunft gebrochen. Das Projekt könnte schon wieder vorbei sein, bevor es richtig begonnen hat.

Nina ist nach 2017 zum zweiten Mal für zehn Tage im Libanon, um sich ClimbAID anzuschließen. »Die Idee hat mich von Anfang an überzeugt, weil ich darin die Chance sehe, dem Klettern eine andere Bedeutung zu geben. Es ist nicht nur ein Sport, der Abenteuerlust befriedigt. Klettern kann mehr.«

Auf einem Spaziergang erkunden wir die Umgebung. Die Bekaa-Ebene ist fruchtbares Land, wir streifen durch Äcker mit Weizen, auch Hanf wird hier angebaut. Die Sonne brennt, es ist windig, die Hisbollah-Fahnen flattern: Auf gelbem Hintergrund stemmt eine grüne Faust eine Kalaschnikow in die Höhe. Wir kommen an Häusern vorbei, die offenbar nie fertig gebaut wurden: mehrstöckige Betongebäude mit fehlenden Wänden.

Auf den Flachdächern, von wo man den Fernblick in die Ebene hat, stehen Wassertanks. Armierungseisen ragen in den Himmel, als sollte noch etwas kommen. Die Behausungen der syrischen Flüchtlinge sind dürftig: Holzlatten spannen UNHCR-Planen auf, beschwert von alten Pneus. Das Land ist gezeichnet von Konflikten. Im Syrienkrieg gefallene Hisbollah-Kämpfer werden auf Postern am Straßenrand gewür-

digt. Transparente mit Anführer Hassan Nasrallah, der drohend seinen Finger hebt, hüllen ganze Hausfassaden ein. Es wirkt, als hätte man hier anderes im Sinn als Klettern. Ich bin gespannt.

Vor einem Haus sitzt eine Großmutter mit ihren Enkeln und drei jungen Frauen im Schatten. Sie begrüßen uns, rücken Stühle heran und wollen, dass wir uns setzen. Sie sprechen so wenig Englisch wie wir Arabisch, doch mit Händen und Füßen kommt eine Art Konversation zustande. Nina ist gut darin. Ob sie verheiratet sei, wollen die jungen Frauen wissen, sie sind um die zwanzig Jahre alt, im heiratsfähigen Alter – das Thema kommt sofort zur Sprache.

Nina verneint.

Wie alt sie denn sei?

31 Jahre.

Die jungen Frauen wundern sich. In diesem Alter hat man Familie, gestikulieren sie.

Nina hebt die Schultern, was so viel zu bedeuten scheint wie: »Es kommt, wie es muss.« Die jungen Frauen machen es ihr gleich, vermutlich ohne dasselbe zu meinen, doch alle lachen.

Stets mehr gestikulierend als redend, geht das Gespräch voran. Kinder kommen dazu und geben Nina zu bedeuten, dass sie wieder klettern kommen werden. Bereits ein Jahr zuvor hat sich Nina ClimbAID angeschlossen, seither kennt man sie hier. »Sie haben das nicht vergessen«, stellt Nina fast ein bisschen überrascht fest. »Klettern verbindet. Es ist eben kein Sport, bei dem man gegeneinander antritt, sondern es för-

dert die Gemeinsamkeit.« Das sei es gewesen, was sie von Anfang an so fasziniert habe, nicht das Adrenalin, die Höhe oder die Bewegungen – sondern, dass man ein sportliches Ziel hat, das man nur gemeinsam erreicht, und Erfolg sich nicht durch Konkurrenz definiert. »Außerdem sieht die Welt von oben ganz anders aus.«

Mit dreizehn Jahren schließt sich Nina einem Kletterlager des Schweizer Alpenclubs in Südfrankreich an. Zum ersten Mal klettert sie an einem Seil. Bei Anfängern ist es normalerweise so, dass sie von oben gesichert werden und jederzeit ins Seil sitzen können. Doch Nina will auf Anhieb vorsteigen, was nicht nur eine große Portion Mut verlangt, weil man weit ins Seil fallen kann, sondern auch eines fortgeschrittenen Wissens bedarf. Man muss den Fels lesen und antizipieren können, um zu wissen, wo man Halt findet oder sich erholen kann. Und vor allem muss man wissen, wie man wieder runterkommt, wenn man einmal oben ist. Oft ist am Ende einer Felswand nichts anderes als ein Ring angebracht, durch den man das Seil fädeln muss. Dazu muss man sich vom Seil lösen und sich danach wieder anbinden. Das Prozedere ist nicht ganz einfach und vor allem nicht ungefährlich: Lässt man etwa das Seil fallen, hängt man in der Wand, kann weder vor noch zurück und muss sich bergen lassen. Und schon gar nicht darf man runterfallen.

Als blutige Anfängerin weiß Nina jedenfalls nicht viel mit dem Ring anzufangen, als sie das Ende der Wand erreicht und sich zwanzig Meter über dem Boden erst Ge-

»In der Vertikalen kann man nicht einfach drauflos machen, sondern muss vorausdenken. Das flößte mir Respekt ein, aber noch mehr Faszination.«

danken zu machen beginnt, wie sie wieder runterkommen soll. Es bleibt ihr nichts anderes übrig, als auszuharren, bis ein Bergführer hochkommt und sie erlöst – im Nachhinein keine große Sache und doch ein Schlüsselerlebnis zum Auftakt ihrer Kletterkarriere.

Sie erkennt, dass Felswände nicht wie Bäume sind, auf denen man jederzeit zurückklettern kann oder ein Absturz lediglich mit einem gebrochenen Arm endet. »Eigentlich war es völlig harmlos. Aber es zeigte mir die anderen Gesetzmäßigkeiten in der Vertikalen auf«, sagt sie. »Man kann da nicht einfach drauflos machen, sondern muss vorausdenken. Das flößte mir Respekt ein, aber mehr noch Faszination.«

Nina und ihren Geschwistern erschließt sich eine neue Welt, jene abseits der Wanderwege: Sie kraxeln die steilen Wiesen und Geröllfelder im Prättigau hoch und runter, klettern auf Felsblöcke oder lernen den Pulverschnee abseits der Skipisten kennen. »Das Gelände dort draußen ist eine gute Schule. Da lernst du erst richtig, auf den Füßen zu stehen«, sagt Nina. Jedes Wochenende schwärmen sie aus: im Winter auf Skitouren, im Sommer zum Bergsteigen und Klettern.

Dass Nina und ihre Geschwister die Lust an den Bergen entdeckten, setzte ihre Mutter unter Zugzwang. Annemarie Caprez suchte die Berge gerne zum Wandern auf, verspürte aber nie einen Drang, die Bergwelt kletternd zu erschließen. Was einen dort erwartete, wusste sie nicht so genau, wohl aber, dass es gefährlich war. Dann waren die Kinder auf einmal jedes Wochenende weg, Sonntagabend kamen sie mit zufriedenen Gesichtern heim.

Annemarie fasste einen Entschluss: Da, wo die Kinder sind, will sie auch sein. Als Nina, Cathrin und Arno das nächste Mal mit Seilen aus dem Haus stürmten, rief sie: »Wartet, ich begleite euch.« Die drei schauten verdutzt, aber nicht abgeneigt. Und so begleitete Annemarie ihre Kinder in einen Klettergarten, wo sie vor einer zwanzig Meter hohen Wand zu stehen kam und ihren Entschluss zu bereuen begann: *Da hoch? Niemals!*

Nina schlüpfte in ihre Kletterschuhe, sagte: »Schau, Mama …«, und erklärte, wie man das Seil zu halten habe. Dann kletterte sie los, blickte nach ein paar Metern runter und meinte: »Du machst das gut Mama.« Als sie ganz oben war, setzte sie sich ins Seil und Annemarie ließ ihre Tochter sorgfältig zu Boden, das Seil fest umklammert. Nun war Annemarie selber dran. Trotz innerlichem Widerwillen band sie sich in das Seil ein. *Wenn das meine Kinder so glücklich macht, kann das so falsch nicht sein.* Sie suchte am kalten Fels nach einem Griff. Die ersten Meter gelangen ihr erstaunlich gut, schon stellte sich eine leichte Höhenangst ein. Doch wie sie zu Nina herunterschaute, die das Seil hielt, gewann sie Vertrauen.

Wenn ich nicht klettere, machen die Kinder vielleicht nie mehr Ferien mit mir.

Seit sie dem Alpenclub angehörten, zogen Nina und ihre Geschwister die Kletterlager mit dem Alpenclub dem Familienurlaub vor. Annemarie stellte fest: *Jetzt gehen sie ihre Wege. Und ich?*

Je höher sie kam, desto kleiner wurde die Angst. Einmal rutscht sie ab, das Seil fängt sie. Adrenalin schießt durch ihren Körper, sie nimmt die versäumte Passage sofort wieder in Angriff, sie findet Gefallen. Irgendwann lässt die Kraft nach, die Arme fühlen sich schwer an. Bis nach ganz oben hatte es nicht gereicht. Doch als Annemarie wieder auf dem Boden steht, ist sie eine andere. Sie weiß: Gemeinsame Ferien werden wieder Tatsache.

»Mama hat gelernt loszulassen, sie sagte: Das Schicksal wollte es so, dass der Papa gegangen ist und dass dadurch alles so gekommen ist, wie es jetzt ist. Aber ich weiß, dass meine Kinder das gut machen, dass es sicher ist«, erinnert sich Nina.

Einmal begleitet sie Nina auf der Route »Alhambra« oberhalb von Ponte Brolla im Tessin. Das ist nicht irgendeine Tour, sondern in Fachkreisen ein Inbegriff für eine abenteuerliche Mehrseillängen-Kletterei, auch wenn die Schwierigkeiten »nur« bei 6b+ und somit am oberen Ende des moderaten Bereichs liegen. Vor allem die Länge der Tour darf nicht unterschätzt werden: Fast zwanzig Seillängen muss man überwinden, zuerst über einen Plattenpanzer und dann in eine senkrechte Schlusswand hoch über der türkisblauen Maggia.

Für Nina ist es die erste Mehrseillängen-Tour. So nennt man den Stil, wenn eine Wand zu hoch ist, um sie vom Boden weg in einer Seillänge zu klettern. Der Vorsteiger fixiert sich am Ende der Seillänge am Stand ein (einer fixen Verankerung im Fels) und holt dann den Nachsteiger nach. So geht es gestaffelt weiter in Abschnitten (Seillängen) von meist 20 bis 40 Metern, bis man ganz oben steht.

»Ich hatte nur eine vage Ahnung, wie das geht. Und Mama im Nachstieg – null Ahnung«, erinnert sich Nina. Die Route beginnt mit steilen Platten, die kaum Griffe bieten. Das Klettern gleicht einem heiklen Tanz, oft gibt nur die Reibung der Gummisohlen auf dem rauen Gneis Halt. Man braucht einen guten Gleichgewichtssinn und viel Vertrauen in die Füße.

Nina klettert los. Und fällt. Sie stürzt nicht nur einmal. »Ständig hat es mich weggehauen, dann bin ich runtergeschlittert, Mama hat mich im Seil gefangen und wieder aufgemuntert. Sie hat das relativ locker genommen und spornte mich nach jeder Seillänge an, die wir schafften.«

Irgendwann stehen sie ganz oben und schauen zufrieden auf die kleinen Häuser von Ponte Brolla herunter, die fünfhundert Meter unter ihnen in der Dämmerung liegen. Noch wartet der Abstieg in weglosem Gelände auf der Rückseite des Berges, und schließlich müssen sie nochmals hundert Meter abseilen. Da ist es längst dunkel, Stirnlampen haben sie keine dabei. Sie werfen das Seil in die Nacht und gleiten still in die Tiefe.

»Das war eine abenteuerliche Tour, und ich habe mich danach auch ein bisschen in die Mangel genommen, wahrscheinlich war sie eine Nummer zu groß für uns«, sagt Nina selbstkritisch. Und relativiert dann schmunzelnd: »Klar muss man sich richtig einschätzen, aber man muss auch etwas wagen und sich aus der Komfortzone herausbegeben.«

»Ständig hat es mich weggehauen, dann bin ich runtergeschlittert auf den steilen Platten, Mama hat mich im Seil gefangen und wieder aufgemuntert. Sie hat das relativ locker genommen und spornte mich nach jeder Seillänge an, die wir schafften.«

Die Routen, die sich Nina danach vornimmt, werden rasant anspruchsvoller. »Mama kam immer wieder mal mit, auch wenn sie zum Teil heillos überfordert war. Sie vertraute einfach darauf, dass wir sie schon irgendwie hochbringen würden.«

Einmal gibt es kein Vor und kein Zurück mehr. Annemarie baumelt in der Wand. Nina bastelt eine Weile und schafft es schließlich, ihre Mutter per Flaschenzug über die

Stelle hinwegzuziehen. »Mama fragte nie, wohin wir sie mitnehmen, sondern freute sich einfach dabei zu sein. Und dann gab es halt solche Situationen, bei denen man im ersten Moment dachte: ›Shit, jetzt haben wir ein Problem …‹, dann aber eine kreative Lösung fand. Und am Ende standen wir gemeinsam oben.«

Nach ihrem ersten Kletterlager nahm Südfrankreich einen festen Platz in Ninas Herz ein. Oft fehlte ihr das Geld für den Zug, weil alles in Seile und Karabiner investiert wurde. Autostopp bedeutete nicht nur umsonst zu reisen, sondern auch ein geselliges Abenteuer, bei dem man neue Leute kennenlernte, einen kurzen Weg gemeinsam zurücklegte und sich dann wieder für immer trennte. So anzukommen in der Provence fühlte sich für Nina an wie Heimkehren.

Sanft erheben sich Hügel mit dem typischen Garrigue-Bewuchs, mediterranen Kräutern und dem Geräusch der Zikaden. Obendrauf ragen abrupt die massiven Kalkfelswände empor. »Wie gemacht zum Klettern: ganzjährig Sonne, Felsen ohne Ende, Wein, Baguette und Käse – was will man mehr?«, fragt Nina, die inzwischen Frankreich zu ihrer Wahlheimat gemacht hat.

Wenn sie Französisch spricht, ahnt man nicht, dass sie aus dem Bündnerland stammt. Längst hat sie den harten Dialekt der Berge gegen den frankophonen Singsang ausgewechselt (sie wechselt aber auch mühelos ins Schweizerdeutsch). Vor zehn Jahren sprach sie noch kaum ein Wort Französisch, was ihre Begegnung mit dem Jurassier Cédric Lachat eigentlich hätte erschweren müssen. Doch das Gegenteil war der Fall: sprachlich inkompatibel, dafür seelisch verwandt standen sie sich gegenüber. Jedenfalls verstand Nina Cédrics Botschaft. »Er reichte mir seine Hand und sagte: ›Entweder nimmst du sie, dann zeige ich dir das richtige Leben. Oder du gehst den klassischen Schweizer Weg.‹«

Die Diplommittelschule schloss sie mit Bestnoten ab, der Weg an eine Universität stand ihr danach frei. Doch Nina war nicht nach Studieren. Das hätte bedeutet, ihre Ferienzeit früher oder später auf ein paar Wochen im Jahr reduzieren zu müssen – etwas, das sich für sie auch heute noch unvorstellbar anhört. Frei sein heißt für sie, jederzeit das zu machen, was man für richtig hält – ein hoher Grad an Spontanität im Leben.

Nina lässt sich ungerne vorschreiben, wann sie wo zu erscheinen hat und was sie zu tun hat. Zwar war sie eine gute Schülerin, hatte immer Bestnoten, jedoch auch wenig Hemmungen, die Schule zu schwänzen. Menstruationsprobleme erwiesen sich dafür als idealer Vorwand.

»Klar muss man sich richtig einschätzen, aber man muss auch etwas wagen und sich aus der Komfortzone herausbegeben.«

ARMACIE St LAURENT

Seltsamerweise war Nina damit mehr als einmal im Monat erfolgreich … »Mens ist heilig. Da konnten Lehrer nichts sagen.«

Als sie sich gegen ein Studium entschied, stieß sie auf Unverständnis. »Alle fanden, dass das schade sei, ich solle mal ein Zwischenjahr machen und dann würde ich schon den Weg finden.«

Doch für Nina gibt es nicht »den Weg«, lieber stellt sie sich das Leben als eine Reise voller Überraschungen vor. Wer weiß, was morgen ist?

Sie machte ein Zwischenjahr.

Und hängte ein weiteres an.

Und noch eins …

»Im Grunde genommen habe ich mein Zwischenjahr bis heute verlängert.«

Gestalterische und handwerkliche Arbeit sagten ihr zu, sie bewarb sich bei einer Kunstschule und schaffte die Aufnahmeprüfung. Als aber klar wurde, dass das Studium ihre ganze Zeit einnehmen würde, ließ sie es bleiben. Stattdessen machte sie ein dreimonatiges Praktikum bei einem Schreiner. Danach arbeitete sie als Kellnerin in einem Café und in der Kletterhalle in Chur, die zu ihrem zweiten Zuhause wurde.

Als Mitglied des regionalen Kletterkaders trainierte sie mehrmals in der Woche, auch wenn sie dazu ein Stunde Zugfahrt auf sich nehmen musste. »Die Stunde im Zug nutzte ich, um die Hausaufgaben zu erledigen.« Bei Wettkämpfen fiel sie mit guten Platzierungen auf, gewann den Schweizer Meistertitel und war auch international oft gut platziert. Dabei war sie ins Wettkampfklettern eher hineingerutscht, als dass sie es gezielt anvisiert hätte. »Das ergab sich so. Wenn ich nicht raus konnte zum Klettern, hielt ich mich in der Kletterhalle auf und da wurde ich dann für den Regionalkader angefragt. Ich wollte es schon gut machen, aber ich hatte immer eine gute Mischung aus Ambition und Gelassenheit.«

Schnell wurde sie zu einer der prominentesten Frauen im Kletterwettkampf: jung, gutaussehend und vor allem gut gelaunt – Siegerin der Herzen. Der Seilhersteller und Ausrüster Mammut nahm sie als Athletin unter Vertrag. Fortan erhielt sie Kletterausrüstung gesponsert. Ihr Geld verdiente sie mit Routenbau in der Kletterhalle und im Service. »Ich verdiente gerade genug für ein Abenteuerdasein, minimal an Komfort, dafür maximal an Erlebnissen. Ein Werkstattbesitzer hat mir außerdem ein Auto zur Verfügung gestellt. So hatte ich mit 22 Jahren mein erstes Auto.«

Ihr Erfolg deckte aber auch Schattenseiten auf. Nina erkannte bald, dass sie Teil eines »Wettkampfzirkus« geworden war, wie sie es nennt. Klettern habe dort nichts mehr mit dem urtümlichen Erlebnis zu tun, wie sie es in der Natur kennengelernt hat und sucht, stattdessen spielten Zahlen die größere Rolle: Welchen Grad beherrscht man? Welchen Platz belegt man? Wie viel trainiert man? Außerdem stellte sie fest, dass sich zwangsläufig eine gewisse Verbissenheit einstellte, wenn sie gegen Konkurrentinnen antrat. »Ich habe gemerkt, dass mir das nicht liegt. Ich mochte es harmonisch, doch natürlich gab es im Konkurrenz-Umfeld auch Rivalitäten, teils regelrechte Zickenkriege sogar innerhalb des eigenen Teams. Das brauchte ich nicht, und schon gar nicht wollte ich in solche Situationen geraten durchs Klettern, das ja eigentlich genau für das Gegenteil steht.« Auch körperlich machte sich das viele Trainieren bemerkbar. Mit 21 Jahren entzündete sich ihr Schulter chronisch. Der einzige Ausweg war eine dreimonatige Pause vom Klettern, eine für Nina schier unüberwindbare

Zwangspause.

Doch sie bedeutete auch Zeit, zu reflektieren. Nachdem sie der Kunstschule eine Absage erteilt hatte und es auch in der Schreinerei bei einem Praktikum beließ, wurden Kellnern und ihr Job in der Kletterhalle zu ihrem vorläufigen Beruf. Trainingspläne waren ihr ein Dorn im Auge, Konkurrenzdenken ein Stress. Im Wettkampf kletterte man an Griffen aus Kunststoff – nicht an rauem, schmerzhaftem und chaotischem Fels, wie nur die Natur ihn schaffen kann. Ein von Wettkampfklettern getaktetes Leben stand im Konflikt zu dem, was Nina »Rumzigeunern« nennt, einen reduzierten Lebensstil pflegen: im Freien schlafen, jeden Tag Pasta (mit oder ohne Sauce) essen und nur die Herausforderungen annehmen, die der Fels stellt. Kein Publikum, keine Schiedsrichter, kein Wettlauf – sondern ein Leben, das sich nach dem Erlebnis in der Natur richtete, anstatt nach menschengemachten Gesetzen.

Allerdings stieß Nina mit ihrer Sicht nicht überall im Tal auf das Verständnis, das ihr der Werkstattbesitzer Bidi Nauer entgegenbrachte. Wenn Klettern einen Lebensinhalt darstellen konnte, dann im Wettkampf, war der Tenor. Alles andere war Freizeit oder Hobby. Inzwischen gab es eine Kletterhalle in Küblis, der Weg nach Chur erübrigte sich. Doch die Halle war für sie immer nur ein Plan B, wenn es oben an den rauen Wänden des Rätikons zu kalt oder nass war. Dort oben spielte die Musik, nicht drinnen.

Für viele in ihrem Umfeld war es unverständlich, dass eine begabte Schülerin wie sie vor allem einem Zigeunerleben nachhing und nur vom Klettern an Felswänden träumte. Das biete doch keine Zukunft, hörte sie oft. Sie solle »etwas Richtiges« machen, eine Lehre, einen Beruf. Etwas, das ihr ein Einkommen sichert und eine Altersvorsorge. Und wie sollte sie vom Klettern (nach ihren Vorstellungen) denn je eine Familie ernähren können? Nina ließ sich durch diese Fragen nicht beirren, sondern sagte sich: Wenn es mich so erfüllt, kann es so falsch nicht sein. Der Rest wird sich ergeben.

Außerdem lernte sie im Nationalteam Cédric Lachat kennen, der erfolgreich Wettkämpfe kletterte, diese aber auch in besonderer Weise als Mittel zum Zweck betrachtete. Nina beschreibt ihn so: »Wenn er klettert, gibt er alles, unabhängig davon, ob ein Preisgeld winkt oder nicht. Im Schweizer Nationalteam war er stets für die Heiterkeit besorgt, die dem seriösen Wettkampfklettern gerne ein bisschen abhanden geht. Ihm war die Meinung der anderen einfach egal. Er war völlig losgelöst davon, was andere über ihn denken. Er sagte: ›Tant pis: wenn es dir nicht passt, dann ist es dein Problem!‹, und machte sein Ding.«

Cédric wurde ihr erster fester Freund. Er erweckte den

»Cédric reichte mir seine Hand und sagte: Entweder nimmst du sie, dann zeige ich dir das richtige Leben. Oder du gehst den klassischen Schweizer Weg. «

heimlichen Chaoten in Nina zum Leben. Als sie zusammenkamen, war Nina neunzehn Jahre alt, sie sprach kein Wort Französisch und Cédric kein Wort Deutsch. Dennoch machte Cédric gleich deutlich, was sie von ihm erwarten durfte. Sie nahm seine Hand.

Immer seltener kehrte sie heim nach Küblis, sondern hielt sich lieber bei Cédric im Jura auf oder sie überschritten gemeinsam die Grenze nach Frankreich, schliefen am Fuß der Felswände oder suchten sich notdürftig Unterschlupf. Einmal gerieten sie mitten in der Nacht in ein Gewitter, weit und breit gab es keinen Unterschlupf, nur ein Baucontainer stand verloren am Straßenrand. Während Nina schon weitergehen wollte, hatte Cédric den Container bereits aufgebrochen. Am nächsten Tag mussten sie sich der Polizei erklären.

Nina war noch nie auf ein Polizeirevier zitiert worden und fühlte sich wie eine Verbrecherin. »Cédric war nicht groß beeindruckt, stattdessen versuchte er dem Polizisten zu erklären, dass wir keine andere Wahl hatten, als einzubrechen, sonst wäre vielleicht was mit uns im Regen passiert.«

Cédrics fröhliches Gemüt lebte (nicht nur, aber auch) von Unfug, der nicht selten an Ungehorsam grenzte. Wenn Nina ihn bat, ihr den Rücken mit Sonnencreme einzuschmieren, nahm er stattdessen Liquidchalk – eine Flüssigkeit, die Kletterer zur Schweißbekämpfung auf die Hände schmieren. Sie ist ebenfalls weiß, schützt aber nicht gegen Sonne. Cédric verdiente sein Geld mit Wettkämpfen, wo er oft gut platziert war. Zusammen kamen sie zu dieser Zeit auf rund 3000 Franken monatlich, die sie nur fürs »Rumzigeunern« verwendeten. Sie sparten, wo sie nur konnten. Auch als sie einmal mit der Autofähre nach Korsika reisten. Cédric wies Nina an, sich im Kofferraum zu verstecken, das spare 25 Euro.

»Läppische 25 Euro!«, ruft sie heute kopfschüttelnd aus.

Als sie auf die Fähre zurollten, bemerkten sie, dass ein Grenzpolizist die Autos stichprobenartig kontrollierte. Alle Autos vor ihnen wurden durchgewunken. Cédric wurde angehalten. Aus ihrem Versteck hörte Nina, wie er nervös das Fenster runterkurbelte und dem Polizisten wenig überzeugend erklärte, dass er alleine mit dem Van – einem geräumigen Renault Traffic – unterwegs sei. Der Polizist glaubte es nicht und forderte ihn auf, den Kofferraum zu öffnen. »Dort kauerte ich mich zusammen, hielt den Atem an und dachte: Shit, jetzt bauen wir gerade richtigen Mist! Die hätten uns nie geglaubt, dass wir einfach lächerliche 25 Euro sparen wollten!«

Cédric tut so, als hätte er den Polizisten nicht richtig verstanden, und öffnet statt des Kofferraums die Seitentür. Nina macht sich hinter dem Gepäck so klein, wie sie nur kann, und bleibt tatsächlich unentdeckt. »Wir waren stets wie eine Räuberbande unterwegs.«

Eine Räuberbande, die aber nicht nach Juwelen jagte, sondern nach dem Erlebnis. Wenn sie nach ihrem Beruf gefragt wurde, sagte sie: »Überlebenskünstlerin«, und erntete ein Schmunzeln. Mit 23 Jahren kehrte sie der Schweiz den Rücken zu, trat aus dem Schweizer Nationalteam aus

»Ich verdiente gerade genug für ein Abenteuerdasein, minimal an Komfort, dafür maximal an Erlebnissen.«

und beendete damit ihre Wettkampfkarriere. Zusammen mit Cédric bezog sie eine kleine Wohnung in Grenoble. »In Frankreich muss man sich nicht erklären. Da darf man Überlebenskünstlerin sein.«

Kapitel 2: Der Weg ist das Ziel

Chtoura, Libanon, 25. Mai 2018

Wir sind in Chtoura stationiert, einer Kleinstadt, die vor allem durch den Kontrast von McDonalds und Minaretten auffällt. Das ClimbAID-Haus ist eine schlichte Wohngemeinschaft, die sich um eine Küche dreht, stets gefüllt mit Früchten und Fliegen. In drei umliegenden Räumen kann sich jeder, der sich am Projekt beteiligt, mit seinem Schlafsack niederlassen. Junge Hunde kommen und gehen. Auf dem Vorplatz steht ein staubiges Sofa, auf dem man zusammen den Tag ausklingen lässt, Pläne schmiedet und über das Leben fachsimpelt. Die finanziellen Mittel von ClimbAID sind bescheiden, über Spenden und Sponsoren kommen einige Zehntausend Franken zusammen. Ohne freiwillige Helfer geht nichts: Céline, eine Französin, die früher ihre Fähigkeiten im Organisieren und Netzwerken im Verkauf ausübte. Sébastien, ein Franzose mit auffälligem Bart und Gitarre, Daniel ein junger Österreicher, der gerne fotografiert. Linda und Marlene, zwei Deutsche, die sich rasch in der libanesischen Küche zurechtfinden und den Tag mit köstlichen Frühstücken einleiten. Später kommt noch Andrew dazu, ein Kanadier, der in seinem Beruf mit Lastwa-

gen und Ölplattformen zu tun hat und im Handumdrehen ein Rad ersetzt, als wir einmal auf der Autobahn einen Lastwagen streifen. Und schließlich Nina, die mühelos den Modus der Spitzenkletterin ablegt und ein Gespür für Anfänger beweist, als ob sie sich bestens an jene Zeit erinnert, als sie selber ins Klettern eingeführt wurde.

Die Achse des »Rolling Rock« ist auch am dritten Tag im Libanon noch gebrochen. Da kein Flüchtlingscamp angesteuert werden kann, findet die erste Klettersession direkt vor dem Haus von ClimbAID statt. Während neue Routen gesetzt werden, versammeln sich Kinder aus der Nachbarschaft am Zaun. Die vielen bunten Griffe und Tritte lassen den Rolling Rock aussehen wie ein überdimensionales Muffin mit Smarties. Doch sie sind nicht zufällig angeordnet, sondern so, dass jede Farbe eine Linie ergibt. Ansonsten braucht das Klettern am Rolling Rock neben ein paar Sicherheitshinweisen nicht lange erklärt zu werden. Im Libanon hat Klettern keine besondere Tradition, die Sportart ist am Erwachen. Dennoch kommen Kinder von überall her angerannt. Sie verstehen sofort, was hier gemacht wird, legen Hand an, wollen oben stehen.

Ein sechzehnjähriger Junge namens Ahmed versucht sich an großen roten Griffen, die so gesetzt sind, dass man in athletischen Zügen zunächst nach links traversiert und dann präzise auf winzigen Tritten stehen muss, um nach oben zu gelangen. Er scheitert. Nina macht vor, wie es geht, und erklärt, dass es vor allem auf die Technik ankomme und nicht nur auf die Kraft. Ahmed versucht es erneut, bringt seinen Körper so in Position, wie es Nina vorgemacht hat. Er kommt schon deutlich weiter, rutscht aber von den winzigen Tritten ab und landet auf der Matte. Beim nächsten Versuch platziert Nina seinen Fuß: Nur das vordere Drittel soll belastet werden, die Ferse muss nach unten zeigen, damit die Gummisohle möglichst viel Fläche auf den Tritt bringt und damit Reibung erzeugt. Ahmed kommt wieder ein Stück höher, nach ganz oben reicht es noch nicht. Doch er ist sichtlich erfreut von seinem Fortschritt, klatscht mit Nina ab und gibt seine Erfahrungen seinen Kollegen weiter, die nun auch an den roten Griffen Hand anlegen. Schnell begreifen die Jugendlichen, dass Nina ihr Handwerk versteht, mehr als das – sie staunen, wenn Nina mit Leichtigkeit eine Bewegung ausführt, an der sonst alle scheitern.

Bald stellen sie Fragen über Fragen. Mohammed, ein junger Lehrer, übersetzt.

Wie hoch die höchste Wand sei, die sie geklettert ist?

Nina überlegt kurz und sagt dann: »1500 Meter vielleicht.«

Die Jugendlichen staunen. Der Rolling Rock misst vier Meter. Ob sie dann nicht Angst hätte, so weit über dem Boden, und ob sie da nicht ständig in Todesgefahr schwebe, wollen sie wissen.

Die Angst gehöre dazu, sagt Nina, Klettern sei eine ständige Auseinandersetzung damit und bedeute, die Angst bewusst zu kontrollieren. Man lerne, wann die eigene Angst aus einer realen Bedrohung entstehe und man sie ernst nehmen müsse. Und wann dies nicht der Fall sei, man sich über seine Angst hinwegsetzen kann. Höhe löse in fast jedem Menschen ein subjektives Angstgefühl aus, das nichts mit einer

»Der Sinn des Kletterns ist von außen betrachtet vermutlich schwer nachvollziehbar.«

realen Bedrohung zu tun haben muss. Schließlich ist man am Seil angebunden, runterfallen auf den Boden kann man also nicht.

Ob sie in der Schweiz die höchsten Gipfel ansteuere, lautet die nächste Frage.

Nina deutet etwas an, das Jein bedeutet. Meistens klettere sie an Felswänden, die nicht auf einen Gipfel führen. Dazu müsse man wissen, dass es im Sportklettern eben darum geht, eine bestimmte Linie zu begehen – wie es am Rolling Rock auch gelte, wenn man nicht alle Griffe verwende, sondern nur die derselben Farbe.

Als die Fragerunde beendet ist, haben die Jugendlichen eine ungefähre Vorstellung davon, was Nina macht, auch wenn sie selber sagt: »Der Sinn des Kletterns ist von außen betrachtet vermutlich schwer nachvollziehbar. Viele Leute meinen, Klettern sucht zielstrebig nach dem Gipfel, der höchste Punkt wird automatisch als das logische Ziel des Kletterns betrachtet. Dabei ist der Weg das Ziel.«

Der Satz ist so etwas wie die DNA des modernen Kletterns. Längst geht es nicht mehr darum, *dass* man eine Wand hochkommt, sondern *wie* man sie hochkommt. Bereits in den 1930ern entstand der Freiklettergedanke, der sich danach immer mehr durchsetzte und in den 1970ern das Klettern revolutionierte. Gemeint ist nicht, dass man ohne Seil klettert, sondern, dass man sich mit Händen und Füßen nur an den natürlichen Felsstrukturen bewegt. Seil oder Haken dürfen nicht zur Fortbewegung dienen, sondern lediglich zur Absicherung. Zuvor setzte man alles Mögliche ein, um sich in der Vertikalen fortzubewegen: Meist schlug man Haken, hängte Trittleitern ein und gewann so an Höhe, um den nächsten Haken zu schlagen. Dieses sogenannte »technische Klettern«, oder Englisch »Aid-Climbing«, betrachtete man als einzige Möglichkeit, große und strukturarme Wände zu überwinden. So wurden etwa all die berühmten Wände im Yosemite-Nationalpark in Kalifornien bis in die 1960er im technischen Stil erobert. Freiklettern entstand dann zunächst aus dem Motiv heraus, effizienter eine Felswand zu besteigen, indem man einfachere Passagen ohne technische Unterstützung meisterte – denn Meter für Meter einen Haken zu schlagen, war zeit- und materialintensiv. Der Yosemite-Nationalpark war prädestiniert als Entwicklungsstätte des Kletterns. Die Wände ragen dort links und rechts des Talbodens derart eindrücklich und in ästhetischen Felsformationen in den Himmel, dass man gar nicht anders konnte, als hochzuklettern. Als nach 1960 jede Wand im technischen Stil geschafft war, war die Zeit reif für Neues. Im Zuge der 68er-Bewegung und ihrem neuen (und erweiterten) Bewusstsein von Friede, Freiheit und Liebe kletterte man nun so minimalistisch wie möglich. Der politische Umschwung dieser Zeit wurde auch auf die Felswände projiziert. Man redete von der »Befreiung« der Wände, die zuvor für die Erstbegehungen mit massenhaft Material bearbeitet wurden. Teils waren Bohrhakenleitern von ganz unten bis ganz oben angebracht worden, man hatte sich also mehr oder weniger gewaltsam hochgenagelt. Bald galt: Entweder du kommst mit nichts außer deinen eigenen vier Extremitäten hoch oder du lässt es bleiben. Viele Haken wurden wieder entfernt, es entstand ein Bewusstsein dafür, den Berg so natürlich wie möglich zu belassen. Das Freiklettern war nicht bloß eine Variante des bis anhin betriebenen Kletterns, sondern es wurde als die Entdeckung des wahren Kletterns gefeiert. Die Auseinandersetzung mit dem Fels wurde durch das Freiklettern eine ganz andere. Plötzlich waren Kraft, Ausdauer und vor allem ein immenses Bewegungsvermögen gefragt. Basierend auf dem Freiklettern, entstand schließlich das Sportklettern, das die Fokussierung auf den »Weg« nochmals dahingehend steigerte, dass es keinen Gipfel (»Ziel«) anstrebte, sondern auch an unscheinbaren Flühen stattfindet (später auch an künstlichen Wänden und in Hallen), wo auf wenigen Metern immer höhere Schwierigkeiten gesucht wurden. Unter diesem Aspekt wurden die Routen immer anspruchsvoller, die Wände immer kleiner; Kletterer suchten nicht mehr die Höhe, sondern die bloße Herausforderung. Bald wurden sogar Felsblöcke von wenigen Metern Höhe interessant. In den 1980ern und 1990ern blühte das Sportklettern an den vielen Kalkfelsen in Frankreich auf, europaweit setzte sich die französische Schwierigkeitsskala durch. Sie beginnt bei 2a, das entspricht Kraxeln auf allen vieren. Dann 2b, 2c, 3a, 3b, 3c … und so weiter, wobei die Abstufung noch durch »+« ergänzt wurde (z.B. 5c+). Ein Anfänger schafft auf Anhieb vielleicht 3a, ein Fortgeschrittener dringt bis 7a vor und wer es wirklich ernst meint bis 8a. Alles darüber ist den Spitzenathleten vorbehalten. Das höchste Level der nach oben offenen Skala ist aktuell 9c – es entspricht einer schier übermenschlichen und eher fledermausartigen Fortbewegung durch ausladende Überhänge – nur ein Mensch hat diesen Schwierigkeitsgrad bis jetzt geschafft, der Tscheche Adam Ondra.

Sportklettern ist dank der modernen Ausrüstung sehr sicher. Die Seile sind fast unzerstörbar und die Verankerungen im Fels (Bolzenanker) zuverlässig. Das erlaubt es Sportkletterern, ihre Grenzen maximal auszuloten. Man geht so weit, wie einen die Kraft in den Armen trägt, und wird vom Seil gefangen. Nina formuliert es so: »Magisch ist der Moment, wenn man die Kontrolle abgibt, weil man nicht mehr einschätzen kann, ob die Kraft noch reicht, ob die Reibung hält oder der angepeilte Griff wunschgemäß getroffen wird. Man verlässt die Komfortzone der Beherrschbarkeit, geht auf gut Glück und bleibt vielleicht mit den letzten Reserven am Fels hängen. Oder man fällt ins Seil, wird behutsam gefangen und versucht es erneut.«

Ein ähnlich geschichtsträchtiger Ort und Schauplatz des Freikletterns wie der Yosemite-Nationalpark ist die Verdon-Schlucht in Frankreich. Dreihundert Meter tief hat sich der Verdon durch das Gestein gefressen und mäandert heute als stummer Baumeister dieses Naturwunders weit unten als türkisblauer Fluss durch die Schlucht. Die Felswände, die dadurch freigelegt wurden, bestehen aus kompaktem Kalk mit Löchern. Im Jahr 2009 bezog Nina Quartier im Dörfchen La Palud, das auf der Hochebene oberhalb der Verdon-Schlucht liegt und eine Bar beherbergt, die fest in der Hand der Kletterer ist. Laurent Triay, ein französischer Kletterer, hatte Nina unlängst von seiner neuen Route

»Ich fühlte mich klein und verloren. Die Wand ist riesig, und du spähst da hoch, siehst die winzigen Bäume an der Kante und denkst: Oh Gott, komm ich da je wieder heil raus?«

»Ultime Démence« erzählt: fünf Seillängen mit Schwierigkeiten bis 8a+.

Nina beherrschte den Grad, wusste, dass sie viel Geduld aufbringen konnte und starke Nerven hatte. In Klettergärten hatte sie bereits mehrere Routen bis 8b+ geklettert, und auch im Wettkampf, mit dem Druck des Publikums im Nacken, lagen die Routen im Bereich 8a. Doch noch nie hatte sie diese Eigenschaften an einer großen Wand getestet, schon gar nicht an einer, wo bislang nur Männer erfolgreich waren. Eine zierliche Frau mitten in einer abweisenden Wand – das war auch im Jahr 2009 noch immer nicht alltäglich.

Nina wollte wissen, wozu sie an großen Wänden fähig ist. Sie hatte sich für einen Lebensstil entschieden, der sich nach dem Erlebnis richtete, nicht nach messbarem Erfolg beim Wettkampf. Der Anblick der Verdon-Schlucht allein ist schon ein Erlebnis, doch Nina war nicht gekommen, um sich die Gegend anzuschauen. Zusammen mit ihrer Freundin Mélissa Le Nevé seilte sie sich über die senkrechten Wände in die Tiefe ab, um den gleichen Weg wieder hochzukommen. Denn wer am Boden der Schlucht ankommt, weiß: Entweder ich komme diese Wand wieder hoch oder ich muss mich mühsam durch ein Dickicht von Dornen zum Wanderweg schlagen, der irgendwo durch die Schlucht verläuft.

Also machten sich die beiden jungen Frauen voller Tatendrang daran, denselben Weg wieder hochzukommen, den sie sich heruntergeseilt hatten. »Ich fühlte mich klein und verloren. Die Wand ist riesig, und du spähst da hoch, siehst die winzigen Bäume an der Kante und denkst: Oh Gott, komm ich da je wieder heil raus? Die Kletterei ist äußerst fordernd, schwierig zu lesen und manchmal nur mit letzten Reserven zu schaffen.« Zigmal rutschte sie ab, wurde vom Seil gefangen, fasste neuen Mut und nahm den nächsten Anlauf. »Abfliegen in so einer Wand ist speziell, denn du hast den Druck, dass du es nach oben schaffen musst. Jeder Versuch kostet Kraft, und du weißt, dass du da nicht endlos probieren kannst. Das ist bei einer Wand, bei der man nicht zuerst abseilt, anders – da kannst du einfach umkehren und absteigen, wenn's nicht läuft. Aber in der Verdon-Schlucht weißt du: Der einzige Weg geht da hoch!«

Langsam wurden die Bäume am Ausstieg größer, je höher sie kamen, desto stärker wurde Nina von Zuversicht erfasst. »Mit jedem Meter, den ich schaffte, wurde ich zusehends von Selbstvertrauen beflügelt und ich kam in einen Flow, bei dem es einfach lief.« Als Nina und Mélissa am Ende des Tages wieder oben standen, erlebten sie ein Gefühl reinster Erhabenheit. »Eben war man noch in der Senkrechten, freute sich über jeden winzigen Vorsprung in der Felswand, der minimalen Halt gab – und dann steigt man aus, hat wieder flachen Boden unter den Füßen – was für ein Luxus!«, sagt Nina. »Und das Ganze war begleitet von dieser Stimmung, die oben auf der Verdon-Schlucht herrscht, wenn die Geier in der Abendsonne mit der letzten Thermik hoch über dem Talboden kreisen. Das war de-

»Eben war man noch in der Senkrechte, freute sich über jeden winzigen Vorsprung in der Felswand, der minimalen Halt gab – und dann steigt man aus, hat wieder flachen Boden unter den Füßen – was für ein Luxus!«

finitiv ein Schlüsselerlebnis. Ich spürte, dass ich etwas entdeckt hatte.«

Zwar standen Nina und Mélissa wieder am Ausgangspunkt, hatten die Wand also überwunden, aber dennoch nicht »geschafft«. Ihr Ziel war es, die Route frei zu begehen – also ohne je das Seil zu belasten, eine sogenannte »Rotpunkt-Begehung«. Nina kehrte nach La Palud zurück mit der Gewissheit, dass es machbar war. Würde ihr ein Durchstieg in Ultime Démence gelingen, wäre sie die erste Frau, die das schafft. Das war ihr zwar im Grunde egal, schließlich hatte sie die Verdon-Schlucht nicht aufgesucht, um eine Trophäe zu jagen. Sie misst dem Unterschied zwischen Männern und Frauen im Klettern ohnehin wenig Bedeutung bei: »Den einzig wahren Unterschied sehe ich zwischen Erstbegehern und Wiederholern, unabhängig vom Geschlecht. Nur Wiederholer wissen, dass die Route machbar ist, was ein mentaler Vorteil ist gegenüber einem Erstbegeher, der schlicht nicht weiß, was ihn erwartet und ob es überwindbar ist.«

Und überhaupt: Noch war sie weit davon entfernt, Ultime Démence als freie Begehung zu schaffen. Die Zeit drängte. Nina blieben nur noch wenige Tage in der Verdon-Schlucht, ehe sie eine Reise nach Kirgistan antreten sollte.

Als sie am Folgetag wieder abseilten, war Mélissa zusätzlich mit Kreuzworträtseln bewaffnet. Sie hatte selber keinen Durchstieg im Sinn, wollte Nina unterstützen und gab ihr damit zu verstehen, dass sie sich alle Zeit der Welt nehmen sollte. Somit konnte Nina stundenlang in der Wand die einzelnen Sequenzen austüfteln und Mélissa sich mit ein bisschen Denkarbeit die Zeit vertreiben. Als sie erneut aus der Schlucht ausstiegen, die Wand zum zweiten Mal innerhalb von zwei Tagen hinter sich gebracht hatten, konnte Nina bereits viele Züge aneinanderreihen, die am Vortag noch nicht funktioniert hatten. Noch immer war der Durchstieg ein Ziel am Horizont, doch eines, das greifbarer wurde. Aber die Zeit drohte davonzulaufen – Nina blieb noch ein letzter Tag, an dem sie es unbedingt schaffen wollte.

Doch der Druck, den sie sich dadurch auferlegte, war zu groß.

Als sie nach einem Ruhetag den letzten Anlauf begann, fiel sie bereits in der ersten Seillänge. Ihr Körper fühlte sich ausgelaugt an, der Kopf war mental nicht in der Lage, auf Optimismus zu schalten. Während sie im Seil hing und durchatmete, sortierte sie ihre Gedanken. Wenig sprach für einen Erfolg. Andererseits wusste sie, dass Klettern manchmal keiner Logik folgte. Wie oft hatte sie schon einen Griff noch zu fassen bekommen, obschon ihr Kopf signalisierte: Niemals, gib auf! Du bist viel zu müde. Sich darüber hinwegzusetzen, einfach probieren, auch wenn alles dagegen spricht, kann stets belohnt werden. Zu verlieren gab es nichts. Immer noch im Seil baumelnd, sagte sie laut zu sich: Vergiss Kirgistan, es zählt nur, was hier und jetzt gerade ist. Meter für Meter, Griff für Griff. Alles andere ist unwichtig!

Dann ließ sie sich wieder an den Wandfuß ab. Als sie den ersten Stand sturzfrei erreichte, keimte leise Zuversicht auf. War der Durchstieg etwa doch noch drin? Nina zwang sich, die Frage beiseitezuschieben. Sie durfte sich

»Es kommt oft sogar auf Zentimeter oder Millimeter an.
Du setzt deinen Fuß ein bisschen zu hoch oder zu tief, schon rutschst du ab.«

nur auf das konzentrieren, was unmittelbar anstand: Zug für Zug, Meter für Meter. »Es kommt oft sogar auf Zentimeter oder Millimeter an, das klingt übertrieben, ist aber so. Du setzt deinen Fuß ein bisschen zu hoch oder zu tief, schon rutschst du ab. Oder du bekommst ein Fingerloch nicht richtig zu fassen – ein Fingerglied mehr oder weniger im Loch kann bedeuten, dass du es halten kannst oder nicht. Das ist verrückt: Du weißt, du hast 150 Meter senkrechten Fels vor dir, aber es kommt auf Millimeter an!«

Nina vergaß alles um sie herum. Je mehr sie an Höhe gewann, desto mehr begann sie zu genießen. Seillänge für Seillänge – es lief praktisch ganz von selber. Nach fünf Stunden stand sie wieder ganz oben und war kein einziges Mal ins Seil gefallen. Sie hatte die Entdeckung gemacht, dass sie in großen Wänden bestehen und den sich selber auferlegten Druck bändigen kann. »Ich fühlte mich in dieser wilden Umgebung und in der Einsamkeit der Verdon-Schlucht viel wohler als bei Wettkämpfen, wo ein johlendes Publikum zuschaute.«

Nina hatte das Geheimnis großer Wände gelüftet: Fokussieren auf das, was im Moment wichtig ist, ihr Wahrnehmungsradius beschränkte sich nur auf ihre Reichweite. Vergessen, wo man ist, wer man ist, worum es geht. Die totale Vergessenheit – l'Ultime Démence. »Wenn du am Fuß einer solchen Wand stehst und sie als Ganzes betrachtest, dann erschlägt sie dich schier. Man muss sie in Einzelteile zerlegen und nur an das denken, was ansteht.«

Mit der Erfahrung aus der Verdon-Schlucht im Gepäck trat sie die Reise nach Kirgistan an. Sie hatte ein neues Lebensgefühl entdeckt – das Gefühl, auf dem richtigen Weg zu sein. »So unbedeutend es aussehen mag, sich eine Felswand hochzukämpfen, meinetwegen sinnlos – was ich dabei empfand, konnte ich mit nichts anderem vergleichen. Und ich sagte mir: Egal, was andere sagen oder von mir denken – wenn sich etwas so richtig anfühlt, dann ist es das, was ich verfolgen will.« Während sie sich einen Lebensentwurf ausmalte, der dem gerecht wurde, raste hinter dickem Fensterglas die Landschaft an ihr vorbei: grüne Steppen, die in braune Einöde übergingen. Schiffe standen verloren auf vertrocknetem Boden, weit vom Wasser entfernt. Ihr damaliger Sponsor schickte sie zusammen mit Stephan Siegrist, Giovanni Quirici und David Lama ins Karavshingebiet im Südwesten des Landes. Das Team sollte auf den historischen Spuren des Schweizers Lorenz Saladin zum Asan reisen, einem 4230 Meter hohen Granitberg. Die Reise führte das Team mit dem Zug von Moskau dem Aralsee entlang nach Bischkek und von dort auf Pferden über weite Prärien zum Fuß der schneebedeckten Berge. Saladin reiste in den Jahren 1935 und 1936 in dieses Gebiet und erkannte das große bergsteigerische Potential der Region. Schon damals stellte er die Wirkung der öffentlichen Aufmerksamkeit für das Bergsteigen fest, als er in sein Tagebuch schrieb: »Die Eigernordwand zu ersteigen, wäre die größere Leistung. Alle reden von Expeditionen in den Himalaya. Doch das interessiert mich nicht. Ich bin mit guten Freunden unterwegs, und das hilft, Schwierigkeiten

»Ich fühlte mich in dieser wilden Umgebung und in der Einsamkeit der Verdon-Schlucht viel wohler als bei Wettkämpfen, wo ein johlendes Publikum zuschaute.«

zu meistern. Alles was zählt, ist die Liebe zu den Bergen. Meine Leidenschaft allein für das Bergsteigen macht mich zum glücklichen Mann.«

Das vierköpfige Team sollte nicht nur den Spuren Saladins folgen, sondern auch seiner Überzeugung: Er betrachtete das Bergsteigen von innen und nicht von außen. Und er erkannte, dass er in Kirgistan in einer wilden Berglandschaft voller unbestiegener Gipfel am glücklichsten war – alles andere war Nebensache. Inzwischen ist das Karavshingebiet in Bergsteigerkreisen bekannt, auch wenn die Berge trotz ihrer Wildheit und alpinistischen Möglichkeiten niemals im gleichen Maße aufgesucht werden wie etwa die Alpen. Im Jahr 2000 machte die Region unrühmliche Schlagzeilen, als amerikanische Kletterer von Rebellen entführt wurden und nur knapp mit dem Leben davonkamen.

Nina, Stef, Giovanni und David hatten im Sinn, eine neue Route in der 800 Meter hohen Asan-Nordwestwand zu finden. Und zwar eine, die frei kletterbar war. Bis dahin wurde die Wand nur im technischen Stil gemeistert, meistens von russischen Kletterern, die einen ebenso ausgeklügelten wie kühnen Stil pflegten: Mit kleinen Metallkrallen, sogenannten Bathooks, arbeiteten sie sich den Granitpanzer empor, dort, wo scheinbar kein anderes Vorankommen möglich war.

Doch das Team fokussierte sich für seine freie Begehung auf Risssysteme, die einen möglichen Weg durch die Nordwestwand boten. Hochmotiviert starteten Nina und David einen ersten Versuch, doch nach nur zwei Seillängen befanden sie sich bereits in Gelände, das im Freikletterstil schlicht nicht kletterbar war. Enttäuscht stiegen sie ab ins Basislager und mussten feststellen, dass ihr Vorhaben schwieriger würde als erwartet. Russische Kletterer, die sie im Basecamp antrafen, bestätigten ihren Verdacht: Sobald man sich abseits der etablierten Routen bewegte, endete man entweder in brüchigem Fels oder aber in derart strukturlosem Granit, dass an Freiklettern nicht zu denken war. Also blieb dem Team nichts anderes übrig, als die Pläne neu zu sortieren. Schnell einigte man sich darauf, eine der etablierten Routen zu wiederholen und, falls möglich, diese im Freikletterstil zu schaffen. Schließlich gelang die 1986 von Russen erstbegangene Tomifeevroute.

Es ist ein Abenteuer, an das sich Nina gerne erinnert. Doch wenn sie heute an Kirgistan zurückdenkt, ist nicht der Erfolg am Asan zentral. Sondern die Begegnung mit Giovanni Quirici. Als einzige Frau in der Gruppe verstand sich Nina mit ihm, den alle »Gio« nannten, am besten. Er war 29 Jahre alt, war Doktorand in Biologie – ein ebenso begeisterter Wissenschaftler wie Kletterer. Er sagte stets, was er dachte, und war gleichwohl überlegt in seinen Äußerungen. Dass er auch in der akademischen Welt einer Karriere nachging, stand seinem Klettern nicht im Weg. Mit seinen knapp dreißig Jahren hatte der Tessiner bereits eine Vielzahl an anspruchsvollsten Routen wiederholt und besonders in seiner Heimat einige der bis heute schwersten Routen eröffnet. Dennoch war er über die Kletterszene hinaus kaum bekannt. Mit Nina verband ihn die Faszination, sich

»Wenn du am Fuß einer solchen Wand stehst und sie als Ganzes betrachtest, dann erschlägt sie dich schier. Man muss sie in Einzelteile zerlegen und nur an das denken, was ansteht.«

in großen Felswänden zu verlieren. »Giovanni hat das Klettern halt ganz anders gesehen als viele andere Leute. Er sagte, das Klettern alleine sei eine Reise, nicht nur in ein anderes Land, sondern auch ins Innere von sich selbst. Er brachte da eine Leichtigkeit rein, die ich bis dahin kaum gekannt hatte. Er kletterte vor allem für sich, nicht für Wettkämpfe oder irgendwelches Marketing – auch wenn wir in Kirgistan auf Einladung von unserem Sponsor unterwegs waren«, erinnert sich Nina. Im Film, der über die Begehung des Asans gedreht wurde, sagt Giovanni: »Das Klettern gibt mir einen existenziellen Sinn. Und danach suchen wir ja alle.«

Drei Jahre nach der Kirgistan-Expedition verunglückte er in der Eigernordwand. Er kletterte eine anspruchsvolle Route im rechten Wandteil, als er ins Seil fiel. Im ersten Moment sah es harmlos aus – ein gewöhnlicher Sturz, wie er im alpinen Sportklettern oft vorkommt. Doch Giovanni war weit gefallen, war auf dem Fels aufgeschlagen und dann im Freien gebaumelt, wo er zuerst noch ansprechbar war. Er verstarb noch im Seil hängend.

»Giovanni war sicher die Person, bei der es mich am meisten getroffen hat. Diese Fassungslosigkeit, sich zwingen zu begreifen, dass es wahr ist … Ich sehe Giovanni heute noch lebendig vor mir. Und letztlich hilft nur dieser schwache Trost, dass er bei dem starb, was er am liebsten tat.«

Ist es Trost? Oder lediglich eine tröstende Vorstellung der Zurückgebliebenen? Die Hoffnung, dass das Ende versöhnlicher ist, wenn es im Moment der Lieblingsbeschäftigung eintritt? Oder ist das Gegenteil der Fall? Die böse Erkenntnis, dass sich gerächt hat, was immer man herausgefordert hat?

»Wir wissen es nicht. Beziehungsweise wir wissen es erst, wenn es passiert ist. Darum bleibt es ein Geheimnis. Ich habe für mich jedenfalls nie das Klettern in Frage gestellt. Ich behaupte: Wenn es morgen mit mir zu Ende sein sollte, meinetwegen durch einen Kletterunfall, ich würde retrospektiv nichts anders machen. Denn ich weiß, was es mir gegeben hat und dass ich nur auf diesem Weg werden konnte, wer ich bin. Wenn das am Ende seinen Preis hat, dann ist es so. Irgendwann zahlt man sowieso seinen Preis, egal für was. Und ich glaube, das galt auch für Giovanni.«

Kapitel 3: Ninas vertikale Bühne

 Bar Elias, Libanon 26. Mai 2018

Wir sitzen in der Küche. Nina hat ein paar Gurken und Tomaten aufgeschnitten, daneben zerbricht sich Beat den Kopf. Alles gehe schief, klagt er, das Telefon ungeduldig in der Hand. Er erwartet den Anruf der Mechaniker, die zuerst lange mit einem schweren Hammer auf die defekte Achse eingedroschen hatten und sie schließlich in ihren Wagen verfrachteten, dessen Stoßdämpfer unter dem Gewicht gleich einsackten. Nina scheint mit einem Ohr zuzuhören, dann hebt sie plötzlich den Blick, legt das Küchenmesser zur Seite und sagt:

»Beat, bist du noch mit deiner Freundin zusammen?«

Beat schaut verdutzt und bejaht.

»Na also. Das ist doch auch was«, entgegnet Nina, lächelt ihm zu und schneidet weiter Gemüse. Nicht dass zwischen Beat und seiner Freundin eine Krise geherrscht hätte, Nina wollte ihm einfach in Erinnerung rufen, dass nicht alles den Bach runtergeht. Schätzen, was man hat, und nicht dem nachtrauern, was man nicht hat.

Die vielen farbigen Griffe am Rolling Rock sind nach einiger Zeit abgenutzt, die Oberfläche verliert die Reibung und wird glitschig. Also nimmt man die Griffe runter, reinigt sie mit dem Hochdruckreiniger und setzt neue Routen – eine gute Beschäftigung, um die Zeit totzuschlagen, bis die Achse repariert ist. Nina hat viel Erfahrung im Routenbau und übernimmt das Zepter. Die Herausforderung besteht darin, die Routen so zu bauen, dass Anfänger hochkommen, aber dennoch nicht unterfordert sind. An der richtigen Stelle braucht es Tritte. Griffe müssen so angebracht sein, dass eine gewisse Bewegung erforderlich ist, um sie greifen zu können. Zum Beispiel ein Seitgriff, den man erst gut zu fassen bekommt, wenn man hoch antritt. Die Arbeit ist streng, die Sonne brennt. Bald tummeln sich Kinder aus der Nachbarschaft am Zaun, sind neugierig und wollen mithelfen. Ein junger Hund gesellt sich dazu, trägt Flipflops weg, wenn in die Kletterfinken gewechselt wird. Am späten Nachmittag fährt der Gemüsewagen vorbei und preist seine Ware über einen Lautsprecher an, was wie der Gesang eines Muezzins klingt. Schließlich verschwindet die Sonne hinter den Hügeln, der Horizont geht von Orange in Blau über, der Wind hat sich gelegt. Der Rolling Rock präsentiert sich zwar noch immer ohne Achse, dafür im neuen Kleid. Wir lassen uns auf dem Sofa nieder, nippen an Bierflaschen und lauschen dem Gitarrenspiel von Sébastien. Ein Flipflop von Nina bleibt verschollen – der Streich eines jungen Hundes.

Tags darauf kommen die Mechaniker zurück. Die Achse glänzt im Sonnenlicht, dort wo geschliffen und neu geschweißt wurde. Sie hält.

Im Abendlicht steuert der Rolling Rock das Camp Bar Elias an, das direkt an einer stark befahrenen Straße liegt. Es ist Ramadan, Fastenmonat. Dennoch setzen die syrischen Kinder auf die wöchentliche Ankunft von ClimbAID. Ein paar Stunden an den kniffligen Kletterproblemen zu tüfteln gehört zum fixen Programm. »Als wir das erste Mal hier waren, wusste eigentlich niemand, was Klettern ist«, erinnert sich Nina. »Und doch war sofort klar, worum es geht. Eine Kletterwand scheint eine Intuition zu wecken, die in den Menschen universal verankert sein muss, nämlich: Da will ich hoch. Das Gefühl, oben stehen zu wollen.«

Und so herrscht schnell ein reges Treiben um den Rolling Rock, das man inzwischen gut handhaben kann. Das war nicht immer so. In der Anfangsphase musste sich das ClimbAID-Team einmal unter fliegenden Steinen aus dem Staub machen. »Da war der Andrang so groß, wir wurden regelrecht überrannt und konnten nur noch Hals über Kopf fliehen. Die Leute waren frustriert.«

Als die Sonne hinter den Hügeln verschwindet, ist Bar Elias zu einem Fleck in der Bekaa-Ebene geworden, wo die Schrecken des Kriegs vergessen werden, wenigstens für kurze Zeit. Stattdessen gibt es ein kleines, gemeinsames Ziel: den Rolling Rock bezwingen.

Nina sagt, dass Klettern verbindet. Das ist an diesem Abend offenkundig. Es gibt keine sprachlichen, religiösen oder geschlechtlichen Barrieren. Und man merkt den Kindern nicht an, was sie hinter sich haben. Viele stammen aus Aleppo, der schwer umkämpften Stadt, die heute in Trüm-

mern liegt. Viele haben Familienangehörige zurückgelassen. Ein Junge erzählt, wie er mit seinem Bruder das Haus verteidigte. Erwachsene waren keine mehr vor Ort. »Einerseits gibt es mir selber sehr viel, mit den Menschen hier zu klettern. Denn wir können damit eine Aktivität beisteuern, bei der sie sichtlich aufblühen«, sagt Nina, als wir durch die dunkle Bekaa-Ebene nach Choura zurückfahren. »Andererseits macht es mich auch nachdenklich, denn ich habe das Gefühl, etwas darzustellen, was sie vielleicht nie erreichen werden. Ich bin frei, bereise die ganze Welt. Und die Flüchtlinge sind in ihren Camps gefangen, können keine Checkpoints passieren. Vielleicht können sie gar nie mehr nach Hause.«

In Ras Baalbek findet die nächste Session statt. Die Kinder, die hier zum Klettern kommen, sind Libanesen. Früher verbrachten sie ihre Freizeit in den nahen Bergen mit Wandern und Jagen. Auch eine Höhle gebe es, erklären sie, in der sie auch schon ein bisschen geklettert seien. Doch seit Dschihadisten zu Fuß über die Grenze kamen und Attentate in den Nachbardörfern verübten, ist alles Sperrgebiet. Ein Verantwortlicher der Hilfsorganisation Caritas erklärt, dass die Menschen hier bis vor kurzem in Angst lebten, wegen der Attacken syrischer Dschihadisten. Sie hätten ihre Kinder nicht mehr aus dem Haus gelassen, aus Furcht, sie könnten entführt werden. Er zeigt auf die braunen Hügel, wo ein Betonkomplex mit einem Funkmast in der Ferne steht. »Das war 2017 noch unter Kontrolle der Dschihadisten. Dann hat unsere Armee sie zurückgedrängt.« Die zahlreichen Checkpoints zeugen von der erhöhten Wachsamkeit, seither ist es wieder sicher in Ras Baalbek.

Als sich das Training dem Ende nähert und es langsam dunkel wird, baut Beat einen Laptop auf und zeigt den Film über Ninas Begehung der Route Silbergeier. Die Jugendlichen schauen gebannt auf den Bildschirm, wie durch ein Fenster mitten in die Schweizer Berge. Dort sitzt Nina in der Wiese am Fuße der Kirchlispitzen und sagt in die Kamera: »Als ich dreizehn Jahre alt war, hab ich mir die Begehung von Silbergeier zum Lebensziel gemacht. Ich hatte keine Ahnung, wie lang der Weg werden würde. Jetzt bin ich 25 und habe es geschafft.«

Die Kirchlispitzen bilden ein Bollwerk aus kompaktem Alpenkalk, steil ragt die Südwand rund 250 Meter senkrecht, teils überhängend in den Himmel. Zuoberst steht ein Gipfelkreuz. Die ganze Gebirgsgruppe besteht aus solchen Kalkwänden mit rauer Oberfläche, Löchern, Wasserrillen, Schuppen und Leisten – der »Rätkalk« ist ein Paradies für Kletterer. Seit Nina als Kind kletternd die Welt vor ihrer Haustüre zu erschließen begann, haben die Kirchlispitzen einen festen Platz in ihrem Kopf. 1993 stieg Beat Kammerlander in die Südwand ein. Der Österreicher mit den langen rötlichen Haaren war einer der besten Kletterer zu dieser Zeit und ist heute mit sechzig Jahren noch immer in den steilsten Wänden unterwegs. Kammerlanders Markenzeichen waren lange alpine Routen mit hohen Schwierigkeiten, im Rätikon hatte er bereits mit »New Age« und »Die unendliche Geschichte« seine Duftmarke hinterlassen: extreme Mehrseillängenrouten mit Schwierigkeiten bis 8b+. Als er sich 1993 in sechs Seillängen durch die Wand des

Silbergeiers arbeitete, entstand eine harte Kletternuss mit höchsten Schwierigkeiten: keine Seillänge ist unter 7a+ bewertet, die Schlüssellänge erreicht den Grad 8b+. 1994 gelang Kammerlander die erste freie Begehung. Der Silbergeier wurde im Prättigau und darüber hinaus in der ganzen Welt zum Inbegriff für eines der kühnsten und nervenaufreibendsten alpinen Kletterabenteuer. Nur die namhaftesten Kletterer trauten sich einen Versuch zu.

Dass sie als erste Frau Ultime Démence kletterte, bescherte Nina einige Aufmerksamkeit, vor allem in Frankreich. »In der Schweiz hat das keine hohen Wellen geschlagen, das Bewusstsein der Öffentlichkeit für eine anspruchsvolle Mehrseillängenroute steckt heute noch in den Kinderschuhen«, sagt Nina. Diesen Umstand erklärte sie dem deutschen Wochenmagazin DIE ZEIT in einem Interview einmal so: »Die Berge sind okay, da kann man messen, wie weit oben einer war. Auf einem Viertausender. Wow! Auf der Dufourspitze. Toll! Aber wenn ich sage, ich klettere im Schwierigkeitsgrad 8b oder 8c, dann sagt das keinem was. Am Anfang habe ich mich darüber aufgeregt. Bis ich nach Grenoble kam. Hier hat es tolle Felsen, aber auch Menschen, die meinen Lebensstil checken. Du hast einen geilen Job!, sagen sie. Genieß es! Folge deinem Traum und frag nicht, was in zehn Jahren ist!«

Nina ließ sich nicht vom öffentlichen Interesse diktieren, sondern folgte ihrem Instinkt. Nach Ultime Démence hakte sie quer durch Europa eine schwere Mehrseillängentour nach der anderen ab. Die Routen hießen »Ali Baba«,

»Hotel Supramonte« oder »Délicatessen«, lagen alle im Bereich 8b und wurden selten oder nie von Frauen angegangen. Nina erarbeitete sich schnell den Ruf einer Spezialistin im alpinen Sportklettern. Mit sechzehn Jahren hatte sie in ihrem Schlafzimmer ein Poster aufgehängt. Es zeigt den Italiener Pietro dal Pra, als er sich im Silbergeier elegant an den Plattenpanzer schmiegt. Das Poster bekam seinen Platz nicht nur, weil sie dal Pra für »den schönsten Kletterer überhaupt« hält, sondern auch als Versprechen an sich selber, eines Tages den Silbergeier zu versuchen.

Mit Cédric stieg sie 2010 in die Wand ein. Sie brauchten zwei Tage, um vier der sechs Seillängen hinter sich zu bringen, die beiden letzten ließen sie weg. »Das war durchaus ein böses Erwachen. Wir mussten uns da mit Ach und Krach hochwursteln, konnten viele Passagen schlicht nicht klettern, sondern hielten uns an den Haken. Wir wussten: Das ist viel Arbeit.« Nina fand sich mit der filigranen Kletterei allerdings besser zurecht als Cédric, der fast verzweifelte angesichts der Herausforderungen, die ihm die abweisende Wand stellte: heikle Reibungskletterei, die nur gelingt, wenn Körper und Fels optimal harmonieren. »Man muss sich seiner Bewegungen sehr bewusst sein, der Körper muss als Ganzes funktionieren. Die Wand ist derart abweisend, dass dich jede noch so kleine falsche Bewegung aus dem Gleichgewicht werfen kann.«

In einer mit 7c+ bewerteten Traverse kam Cédric nur weiter, indem er ein altes Fixseil anhechtete. Und in der dritten Seillänge, die mit 8a+ bewertet ist, stand er schließlich ganz an. »Er schaffte es nicht über den dritten Haken hinaus und gab entnervt auf.« Nina übernahm. Sie setzte ihren Fuß hoch an auf die glatte Wand, vertraute voll auf die Reibung und schaffte es, eine winzige Leiste mit einem entschiedenen Aufstehen zu schnappen – sie war über die Stelle drüber. Cédric rieb sich die Augen, kam etwas kleinlaut hinterher und sagte wenig später, dass er die Route nicht möge. Nina schmunzelte in sich hinein. »Ich genoss meinen heimlichen Sieg über das männliche Ego, auch wenn ich Cédric alles gönnen mag. Normalerweise war es umgekehrt: Er übernahm, wenn ich nicht weiterkam. Doch für einmal hat er das einfach nicht gecheckt, wie er da hochkommen soll.«

Nach zwei Tagen hatte Nina eine ungefähre Ahnung, was sie erwartet. In ihren Worten klingen die sechs Seillängen so: »Es ist oft wirklich eine ganz krasse Platten-Kletterei. Und auch sonst stehst du halt einfach immer beschissen in diesen Wasserrillen oder nur auf Reibung. Und wenn es mal nicht so schwer ist, dann hat es einfach keine Haken. Die 7a+-Länge ist vielleicht 20 Meter lang und hat nur einen Haken drin. Dann hast du nichts zum Sichern, dann darfst du einfach nicht fliegen. Die 8b+-Schlüssellänge ist wirklich sehr hart. Sie ist leicht überhängend, da muss man voll zuschrauben, wirklich brachiale Züge. Zum Teil brauchte ich unzählige Anläufe, bis ich überhaupt mal über eine Stelle hochkam, und jeder Misserfolg bedeutete einen richtig weiten Abflug.«

»Ich wusste, dass ich es schaffen kann. Aber dieses Wissen entlastet paradoxerweise nicht, sondern setzt dich noch mehr unter Druck – eine Art Versagensangst vor sich selber.«

LA POIGNÉE D' PORTE

Cédric war nicht mehr zu motivieren, doch Nina ließ sich von dem ernüchternden ersten Versuch nicht beeindrucken. Die österreichische Spitzenkletterin Barbara Zangerl begleitete sie fortan. Die beiden jungen Frauen richteten sich im Grüscher Älpli ein, einer Hütte nahe des Wandfußes. Tag für Tag kochten sie Kaffee, frühstückten reichhaltig und studierten dann Meter für Meter den Silbergeier ein. Wenn wieder eine Sequenz gelang, hallten ihre Jubel-

schreie über die satten Bergwiesen talwärts, von wo aus Freunde den Fortschritt beobachteten. Wenn sie in der Abenddämmerung abseilten, ließen sie die Seile hängen, um am Folgetag rasch wieder in der Wand zu sein. Dann stolperten sie zufrieden über Geröll und Wiesen zum Grüscher Älpli, kochten Pasta oder Curry und schliefen sofort ein. Nach fünf Tagen kannten sie die Wand in- und auswendig, hatten die rund 250 Meter Fels in hunderte Bewegungssequenzen übersetzt, die sie sich vor dem Schlafengehen nochmals verinnerlichten. Der Durchstieg rückte näher, doch ausgerechnet dann musste Babsi verletzt pausieren. Eine alte Rückenverletzung machte ihr zu schaffen. »Babsi hat mich ziemlich beeindruckt, sie ist deutlich kleiner als ich, hat also eine geringere Reichweite. Das kann gewisse Züge viel schwieriger machen. Aber Babsi hat nie gejammert. Sie war immer gut gelaunt und optimistisch, dass sie es schaffen kann.« Als es dann darum ging, das Projekt mit einem erfolgreichen Durchstieg zu vollenden, bahnte sich aber keinesfalls ein Konkurrenzkampf zwischen den beiden an, obschon beiden klar war, welchen Stellenwert die erste Frauenbegehung des Silbergeiers hatte. Während

Nina mit anderen Kletterpartnern fortfuhr, die sie in der Wand sicherten, schaute Babsi von fern zu und spornte sie an.

Nachdem ein erster Versuch gescheitert war, weil eine komplizierte Passage nicht gelang, stieg die Anspannung. »Ich wusste, dass ich es schaffen kann. Aber dieses Wissen entlastet paradoxerweise nicht, sondern setzt dich noch mehr unter Druck – eine Art Versagensangst vor sich selber.« Im zweiten Versuch gelang zwar die Passage, rund lief es dennoch nicht. Es begann zu regnen. »Ich hatte vier der sechs Seillängen erfolgreich hinter mich gebracht, ich wollte einfach nicht wahrhaben, dass der Regen mich jetzt ausbremst. Das war ein bitterer Moment.«

Nach drei verzweifelten Anläufen musste sie knapp vor der Erfüllung ihres Lebenstraums aufgeben. »Es war aussichtslos. Ich fand keinen Halt mehr am nassen Fels. Etwa 50 Meter unter dem Gipfel musste ich aufgeben. Rational betrachtet, würde man sagen: Easy, ich ruhe mich zwei Tage aus und gehe bei besserem Wetter wieder. Doch in der Realität fühlt sich so ein knappes Scheitern an, als hätte man gerade die einzige Chance vertan. Man hat so viel gegeben bis dorthin, dass man sich irgendwie nicht sicher ist, ob es ein zweites Mal gelingen kann. Vielleicht schafft man es gar nie mehr bis zu diesem Punkt. Eine solche Wand ist so hochkomplex, dass das nicht einfach beliebig wiederholbar ist.«

Cédric meldete sich zurück. »Ich will es wieder versuchen. Nachdem du jetzt jeden einzelnen Zug so gut kennst, kannst du mich ja quasi fernsteuern«, sagte er, als er sie im Tal in Empfang nahm. Kurz darauf stiegen sie wieder ein, wobei Nina lediglich Cédric sicherte und ihm die Züge ansagte: »Ich lachte Tränen.« Nicht weil Cédric nicht hochkam, im Gegenteil. Dieses Mal war er erfolgreicher, konnte sich Stück für Stück an der Wand halten und sollte am Ende

des Tages tatsächlich eine freie Begehung des Silbergeiers schaffen. Der Anlass zu Ninas Freudentränen war aber, wie er dabei aussah. »Er konnte immer noch nicht besser stehen auf den feinen Strukturen und ist diese Platten teils auf den Knien geklettert. Da war einfach null Eleganz, er hat mit purer Kraft alles zusammengepresst.«

Nina spürte, dass sie wieder an jenem Punkt war, den sie schon in der Verdon-Schlucht erlebt hatte: wenn es darum ging, sich von seinem selbstauferlegten Druck zu befreien, seinem Tun eine nüchterne Bedeutungslosigkeit einzuräumen, die Wand nicht als Ganzes zu betrachten, sondern in lösbare Einzelteile zu zerlegen. Erneut drängte die Zeit, wie schon bei Ultime Démence. Damals hatte sie nur noch einen Tag Zeit, weil die Reise nach Kirgistan anstand. Nun stand eine Reise nach Kanada an. Die Situation mahnte wieder: jetzt oder nie. Doch Nina fiel es schwer, sich auf das Spiel einzulassen. Kraft und Nerven waren aufgebraucht.

Mit ihrem Kletterfreund Günther nahm sie den Silbergeier Ende Juni 2012 ein letztes Mal in Angriff, ehe sie nach

Kanada reiste. Als sie einstiegen, war das Wetter mehr schlecht als recht. Es war kalt, der Himmel war in unterschiedliche Grautöne gefärbt, die ihn wie ein farbloses Gemälde erscheinen ließen. »Es war irgendwie mystisch, aber es herrschten gewiss nicht die Verhältnisse, bei denen ich mir einen Durchstieg hätte vorstellen können.« Was allerdings egal war. Nina hatte zuvor schon die Flinte ins Korn geworfen. Sie glaubte keine Sekunde daran, ihren ersehnten Durchstieg doch noch zu schaffen. »Günther war einfach so begeistert von dieser Route und sagte, er würde gerne mal mit mir in die Wand. Ich bin dann mehr ihm zuliebe gegangen und dachte mir, es könnte ja nicht schaden, wenn ich alle Züge nochmals mache, ehe ich nach Kanada verschwinde. Dann erinnere ich mich vielleicht im nächsten Jahr besser daran.«

Die erste Seillänge gelang auf Anhieb. Etwas überrascht hängte sich Nina am Stand ein und stellte gleichzeitig fest, dass die Wetterbedingungen viel besser waren, als sie wirkten. Dennoch ließ sie sich wieder zum Boden ab und sicherte Günther, der seinerseits die Züge im Vorstieg probierte. »Als er wieder unten war, hat es mich gepackt. Auf einmal waren alle Zweifel wie weggewischt und ich sagte mir: Versuch es!«

Erneut gelang die erste Seillänge, danach auch die zweite Seillänge.

»Es fühlte sich nicht einmal so schwer an. Ich konnte es kaum glauben. Das Wetter wirkte zwar unsicher, doch der Grip war wegen der kühlen Temperaturen fantastisch.«

Nina kletterte weiter. Leichtfüßig, befreit. Dass sie

keine Erwartungen hatte, aber dennoch gut vorankam, beflügelte sie. Und am Himmel sah sie kein schlechtes Wetter mehr, sondern die dramatische Kulisse ihres großen Traums. Selbst als es leicht zu schneien begann, wurde sie nicht verunsichert. Der Schnee wirkte fast freundlich. Als sei er ein spezielles Attribut, das zu speziellen Ereignissen gehört. Vor ihrer Nasenspitze prallten die kleinen Schneekristalle vom kalten, grauen Fels ab. Ihre Finger waren warm. Als sie auf einen Absatz von der Breite eines Fensterrahmens gelangte, löste sie vorsichtig die Hände vom Fels und drehte sich mit dem Rücken zur Wand. »Das war ein intensiver Moment. Noch nie empfand ich derart stark dieses Gefühl, dass ich mich an einem Ort aufhalte, an den ich eigentlich gar nicht hingehöre, und dennoch hatte ich alles im Griff. Ich hatte freie Hände und winkte zu Günther runter.«

Als Nina auf dem Gipfel stand, zog sie sich die wärmende Daunenjacke über, während Schneeflocken um sie herumtanzten. Normalerweise jubelte sie in solchen Momenten. Nun war sie ganz still. Sie atmete nur tief ein, während sie spürte, wie eine innere Wärme der Zufriedenheit sie überkam. »Rückblickend war es gut, dass ich beim zweiten Versuch, als es zu regnen begonnen hat, gescheitert bin. Denn beim Durchstieg im Schneetreiben war einfach alles so magisch, wie es sich eben nur fern von allen Vorstellungen und Erwartungen von alleine entwickeln kann.«

Die Nachricht von der ersten Begehung des Silbergeiers durch eine Frau machte schnell die Runde und wurde auch außerhalb der Kletterszene interessiert wahrgenommen. Nicht nur die Klettermagazine klopften an, sondern auch Tageszeitungen und das Fernsehen. Eine junge Frau, die sich furchtlos in Felswände begibt – das imponiert einem breiten Publikum. Man sah in Nina eine Art Forscherin, wenn es darum geht, Angst zu überwinden, der Höhe zu trotzen – etwas, das bis anhin bärtigen Bergsteigern vorbehalten war. Kurt Aeschbacher, der Talkmaster des Schweizer Fernsehens, fragte: »Wenn man jetzt da hängt, dann schaut man bestimmt nie runter, sondern nur nach oben?«, und Nina antwortete locker und sachlich: »Ja, das ist schon das Ziel.«

Die Öffentlichkeit sah in ihr eine Person, die man entweder bewundern konnte oder kritisieren – dafür, dass sie dem konventionellen Weg eine Absage erteilte, keine Lehre machte, sondern ihrem inneren Drang folgte. Dass sie manchmal ein etwas saloppes Bild vermittelt, in dem zum Beispiel Geldverdienen eine bewusst niedrige Priorität hat, mag darüber hinwegtäuschen, dass sie durchaus einen ökonomischen Sinn hat. In Grenoble besitzt sie zwei Wohnungen, die sie selber renoviert hat. Die eine bewohnt sie selber, die andere vermietet sie. Ihre Marke ist gereift: Nina repräsentiert nicht die Kletterin, die die Extreme kultiviert, sondern das Miteinander. Sie versprüht einen positiven Spirit statt Leistungsdrang, das kommt an. Mit diversen Ausrüstern hat sie Deals geschlossen, die ihr ein Salär sichern. Und sie ist ein gern geladener Gast bei Seminaren.

Gemessen daran, wo sie steht, kann man ihr nichts vorhalten, sondern nur konstatieren:

»Sie verdient ihr Geld damit, Felswände emporzuklettern.«

So schrieb es die Wochenzeitschrift »Das Magazin« in einem Porträttext über sie. Der Satz ist eine nüchterne Feststellung, in dem aber auch Unverständnis mitschwingt. Wieso um Himmels willen soll man Felswände hochklettern? Und wie zum Henker soll man damit Geld verdienen?

»Frau Caprez, warum tun Sie sich das an?«

Fragte der Magazin-Journalist dann konsequenterweise.

»Ich tu mir überhaupt nichts an. Ein Antun ist es sicher nicht, eher ein Urtrieb, und der beginnt schon bei kleinen Kindern, die überall hochsteigen.«

So die Antwort von Nina.

Nina ist in den Medien stets präsent, pflegt einen geduldigen Umgang mit Journalisten, auch wenn sie die Frage, weshalb sie sich das antue, praktisch jedes Mal aufs Neue beantworten muss. Als der Moderator Nick Hartmann fürs Schweizer Fernsehen durchs Land wanderte, machte er in Küblis halt und fragte sie: »Ist Klettern eine Lebensschule?«

Plötzlich wollte man von ihr wissen, wie das Leben geht. Nina, die sich immer als Überlebenskünstlerin bezeichnete, diese »Berufsbezeichnung« sogar in offiziellen Formularen angab und am liebsten auch in ihren Pass eingetragen hätte. Nina, die öffentlich sagte, »sich kein bisschen um Altersvorsorge zu scheren« und dass sie nur das

Nötigste an Versicherungen habe und das Leben vor allem dann als lebendig empfinde, wenn es »ganz, ganz simpel« sei. Nina, der von manchen Weggefährten eine düstere Zukunft beschieden wurde, weil sie keine Lehre abschloss und ihre Intelligenz gegen Felswände fuhr, anstatt sie für ein Studium zu nutzen. Nun wurde sie beinahe zum Stammgast der Medien, wenn es um Abenteuer oder Klettern ging.

In der öffentlichen Wahrnehmung ist sie seither »Die Kletterin« – eine Position, die ihr zumindest in der Schweiz gegenwärtig niemand streitig macht. Dass sie in diese Position gerückt ist, liegt auch am Umstand, dass sie nie mit einem Schulterzucken antwortet und sich in einen Kontext mit der Gesellschaft stellt. Je mehr sie ihre Einstellung zum Leben mit anderen teilte, desto mehr Gehör fand sie als erfrischende Alternative zum Diktat aus Vorsorgelösungen und Lohnvorstellungen. Sie wird für Seminare gebucht, an denen sie erzählen soll, wie sie ihre Ziele erreicht und wie man in einer Seilschaft miteinander arbeitet. Die Seilschaft ist die Lieblingsmetapher in der Teambildung: Man steht und fällt gemeinsam. Nina nimmt Manager mit auf Höhlenforschung.

Zum anderen schärfte ihr Erfolg das öffentliche Bewusstsein fürs Klettern abseits von Wettkämpfen. Als sie ihre Entscheidung fällte, keine Wettkämpfe mehr zu bestreiten und stattdessen das zu tun, wofür sie brannte, sagten ihr viele Leute, dass das nicht funktionieren werde. Profikletterer brauchen Aufmerksamkeit, und die hole man sich nicht abseits der Bühne. Nina hat das Gegenteil bewiesen, indem sie selber bestimmte, wo die Bühne ist – zum Beispiel die Südwand der Kirchlispitzen, wo der Silbergeier dank ihrer Begehung zu neuer Berühmtheit gelangt war.

Kapitel 4: Neuorientierung

Tannourine, Libanon, 1. Juni 2018 89

Wir lassen den Rolling Rock in Chtoura stehen, nehmen Ninas Mietwagen und fahren nordwärts durch die Berge nach Tannourine. An den Wochenenden ist für das ClimbAID-Team selber klettern angesagt an den Felsen im Norden des Landes. Eine internationale Kletterszene hat sich hier eingefunden, aber auch Libanesen, die den Sport vorantreiben. Nina klettert trotz der Hitze eine Route im Grad 8b, sie bewegt sich langsam und kontrolliert, Anstrengung erkennt man kaum. Nina hat eine einnehmende Art, egal wo sie auftritt, ist sie sehr präsent. Sie sucht mit jedem das Gespräch, kennt keine Berührungsängste. Ich versuche eine Route, die Nina als erweiterte Aufwärmrunde diente – wie schon vor fünf Jahren, als ich ihr zum ersten Mal zufällig in Südfrankreich begegnete. Ich war mit Freunden an den Felsen von Seynes beim Klettern, als hinter uns plötzlich Nina mit Seilsack aus dem Gestrüpp purzelte und uns begrüßte, als würden wir uns schon ewig kennen. »Du musst den Sinter etwas weiter oben greifen, mit dem rechten Fuß kannst du hooken und so dagegenhalten«, fuhr sie gleich fort. Die Begegnung blieb mir in Erinnerung, weil ich sonst eher die Erfahrung gemacht hatte, dass Spitzenkletterer sich nicht besonders für die Probleme von Amateuren in verhältnismäßig niedrigen Schwierigkeitsgraden interessierten. Doch Nina wirkte, als sei es ihr ein persönliches Anliegen, dass man eine Lösung fand. Und wenn man schließlich erfolgreich war, freute sie sich aufrichtig mit. Sie vermittelt ein Wir-Gefühl, das ihre Botschaft, dass Klettern verbindet, spürbar macht und vom Verdacht des wohlfühlenden PR-Spruchs entbindet – ob im Klettergarten oder am Rolling Rock.

Die Route, die ich in Tannourine versuche, verläuft zuerst senkrecht an feinen Löchern und Leisten und geht dann mit kräftigen Zügen durch einen leichten Überhang. Zuletzt ist es nicht mehr so steil, dafür erweist sich die Kletterei als schwierige Plattenschleicherei auf minimalen Strukturen, dazu kommt, dass die Hakenabstände auf einmal richtig weit sind. Es brauche gute Fußarbeit, hatte mich Nina gewarnt, die die Route »onsight« schaffte, also auf Anhieb. Nun stehe ich weit über dem Haken und spüre meine Finger langsam aus dem Loch rutschen, das ich mit rechts halte. »Allez, allez«, ruft Nina, die mich sichert. Ich versuche den Fuß höher zu bringen, doch meine Finger lassen nach und ich rausche in die Tiefe. Erst am Abend, als kühlere Temperaturen herrschen, traue ich mir einen weiteren Versuch zu und schaffe es diesmal bis zum Umlenker, wo sich eine unergründliche Zufriedenheit einstellt. Es dämmert, die umliegenden Hügel sind in Grün- und Brauntöne gefärbt, die rötlichen Felsen stechen heraus. Man will gar nicht mehr weg von da oben.

Als die Dunkelheit hereinbricht, überlassen wir die Wand den Fledermäusen, die aus ihren Löchern kriechen und auf der Suche nach Mücken durch den dunkelblauen Himmel jagen. Wir sitzen mit brennenden Muskeln am Fuß der Felsen, unterhalten uns über Scheitern und Gelingen und diskutieren Bewegungsabfolgen, indem wir sie in den Nachthimmel zeichnen. »Vielleicht halte ich zuerst das Zweifingerloch und gehe von dort direkt an die Leiste«, sagt Beat und ist überzeugt, dass ihm seine Route so beim nächsten Anlauf gelingen müsste. Klettern fühlt sich in solchen Momenten an, als zöge es eine Blase auf, in der Gesetzmäßigkeiten herrschen, die von der restlichen Welt abgekoppelt sind und in denen das eigene Dasein von der Sinnsuche befreit ist. Man hat das Gefühl, etwas erreicht zu haben, dabei hat man sich nur mit einem selbst auferlegten Problem befasst. Man hat keine Steuererklärung ausgefüllt, kein Haus gebaut und auch nichts dafür getan, dass man eines Tages eines bauen könnte. Man hat nicht einmal einen Weg von A nach B zurückgelegt, sondern auf zwanzig Metern der Schwerkraft getrotzt, ist wieder dort geendet, wo man angefangen hatte – nur zufriedener eben.

Abends verpflegen wir uns mit Fladenbroten, Gurken, Tomaten und Hummus und waschen uns in einem Bach, der mit Müll gefüllt ist. Dann rollen wir unsere Matten auf einer nahen Wiese aus und verschwinden in den Schlafsäcken. So geht also Rumzigeunern, denke ich mir, während der Mond so hell leuchtet, dass mir das Einschlafen trotz Müdigkeit schwerfällt.

Tags darauf fahren wir eine kurze Strecke nach Batroun, einer kleinen christlichen Küstenstadt, die ziemlich westlich daherkommt. Etwas außerhalb der Stadt lassen wir das Auto stehen und folgen einem stillgelegten Eisenbahngleis durchs

»Klettern ist immer noch ein Spiel. Da häng ich 150 Meter über dem Boden und weine … Wie glücklich ich mich doch schätzen kann, wenn das meine Probleme sind.«

Dickicht entlang der Küste. Irgendwann landen wir auf felsigen Klippen, springen ins dunkelblaue Wasser und sonnen uns danach auf den Felsen. Batroun ist ein Touristenort mit Sandstränden und Holzstegen, die ins Meer hinausführen. Surfer nutzen die sanfte Brise, die übers Meer streicht. Wir setzen uns in eine Strandbar am Fuße einer riesigen Betonruine, die einmal ein großes Aquarium hätte werden sollen, dann aber in den Siebzigerjahren sich selber überlassen wurde. Einschusslöcher zeugen vom Bürgerkrieg, der Anlass für den Baustopp war. Und die inzwischen darüber gemalten Graffiti vom modernen Flair, der die Küstenstadt in jüngerer Zeit prägt. Nina und ich verabschieden uns vom ClimbAID-Team, um die letzten Tage mit dem Mietauto weiter durchs Land zu reisen. Beat gibt uns Reisetipps. Eine Route führt mitten durchs Gebirge, die sollten wir besser meiden, meint er, ohne genauer auszuführen, weshalb.

Als Spezialistin der großen Wände wollte man nach ihrem Erfolg am Silbergeier mehr von Nina sehen. Damit sollte Nina auch die Schattenseiten der öffentlichen Bühne erleben, die sie sich erschlossen hatte. Man wird zu einer Figur gemacht, an die Erwartungen adressiert werden. »Einem Bild gerecht werden«, sagt Nina. Und dass damit der Zauber verfliegt, von dem man in stiller Einsamkeit noch beflügelt war, sollte ihr nicht erspart bleiben. 2015 reiste sie zusammen mit Cédric und von einem Kamerateam begleitet nach Spanien zu den Picos de Europa. Auch Cédric hatte zu diesem Zeitpunkt seine Wettkampfkarriere an den Nagel gehängt. Wieder einmal stand eine Wand vor ihnen, wieder war es eine der härtesten Routen der Welt: »Orbayu«. Benannt nach einem zähen Nebel, der täglich, kalt und feucht an die Picos kriecht, wie eine große Qualle.

Die Schlüssellänge ist mit 8c bewertet. Ein Filmteam war rund um die Uhr dabei und dokumentierte die emotionalen Momente, in denen Nina verzweifelt, weil nichts mehr zusammenpasst. Cédric konnte die Route innert kurzer Zeit klettern, Nina schaffte die Schlüssellänge trotz mehrerer Anläufe nicht. »Damit sind die Voraussetzungen bereits ungünstig. Am coolsten ist es, wenn man gemeinsam Fortschritte macht und immer etwa gleichauf ist, dann ist es enorm motivierend, gemeinsam an einer Route zu arbeiten. Wenn dein Partner aber einfach mal schnell das Ding durchsteigt und du selber nur anstehst, dann ist das echt nicht lustig. Du machst dir dann einen Stress, forcierst es und scheiterst nur noch mehr.«

Beharrlich versuchte sie es Tag für Tag weiter, fuhr einmal Cédric an, dass sie seine Tipps nicht brauchen könne, und hing schließlich weinend im Seil, überfordert: vor ihr eine kalte Wand und im Nacken kalter Nebel. »In diesem Moment war das alles keine Umgebung mehr, in der ich mich wohlfühlte. Ich wollte das nur noch erledigen und verschwinden, den Kopf frei haben für andere Dinge.«

Für eine Neuorientierung. Nina begann die bösen Folgen der ständigen Steigerung zu spüren. »Cédric und ich hatten halt schon sehr stark diesen Drive drauf, dass wir möglichst schnell noch schwerer klettern wollten und einfach von einem Projekt zum anderen rauschten. Wir rechneten eigentlich damit, dass wir nach vier Wochen beide erfolgreich sein würden und weiterziehen könnten zum Petzl-Rocktrip. Und dann kam ich einfach nicht vom Fleck in dieser Wand.« In den Picos de Europa wurde Nina alles zu viel: der täglich aufkommende kalte Nebel, die dunkle Berghütte mit schnarchenden Zimmergenossen, der immer gleiche Bohneneintopf mit Chorizo – das Klettern selber. »Eigentlich war klar, dass das irgendwann entgleist. Ich

dachte mir: ob sich so vielleicht ein Burnout anfühlt?«

Das Projekt wurde ein einziger Stress für sie. Cédric sicherte geduldig und redete ihr gut zu, das Filmteam brachte sich bei jedem weiteren Anlauf in Stellung. Nina fühlte sich beobachtet, konnte das Drumherum nicht ausblenden und musste erkennen, dass sie auch dieser Umstände wegen nicht in der Lage war, eine Route zu klettern, die ihr alles abverlangte. »Das mit dem Filmen ist eine zusätzliche Belastung. Wenn du nicht voll am Limit bist, ist es schon okay, da kannst du dich danach richten, wenn der Kameramann vorgibt, wann genau du klettern musst, weil das Licht dann stimmt oder so. Aber wenn du das Gefühl hast, es ginge hier quasi um dein Überleben, weil du so am Limit bist, und dann redet noch einer wegen Bildern rein, dann wird es echt schwierig. Das verträgt es dann einfach nicht.« Rückblickend kann man aber von Glück sprechen, dass die Filmemacher so beharrlich blieben. Denn der Film schafft es wie kein anderer Kletterfilm, die große mentale Belastung deutlich werden zu lassen, und er macht den Prozess förmlich spürbar, den Nina durchlief.

Einfach aufgeben erlaubte sie sich nicht. Sie wollte im Frieden abreisen mit sich und der Felswand. Eine SMS von Mélissa Le Nevé erreichte sie: »Klettern ist immer noch ein Spiel.«

Mit Mélissa hatte für Nina alles begonnen in der Verdon-Schlucht und mit der Begehung von Ultime Démence. Sie verinnerlichte sich die Nachricht. »Da häng ich 150 Meter über dem Boden und weine …« Und kam zum Schluss: »Wie glücklich ich mich doch schätzen kann, wenn das meine Probleme sind.«

Als sie sich das Bild vor Augen führte, huschte ein Lächeln über ihr Gesicht, trotz des kalten Nebels. Es legte einen Schalter um – Flucht nach oben.

Als in der Wand unerwartet gute Bedingungen herrschen – kühle Temperaturen und trotz des Nebels kaum Feuchte in der Luft –, unternimmt sie einen letzten Anlauf. Sie fällt in der Schlüssellänge. Doch sie verwirft nicht die Hände, sondern schöpft Hoffnung – so knapp war es hier noch nie gewesen! Sie probiert weiter, kann die Schlüssellänge tatsächlich knacken und findet danach keine Worte. Zwar steigt sie an diesem Tag nicht durch alle Seillängen sturzfrei, doch immerhin gelang die Schlüsselstelle. Es ist nicht einfach eine weitere 8c, die sie soeben geklettert ist, sondern das Bestehen einer Bewährungsprobe. Ihr geliebtes Klettern hatte sie an den Rand der Verzweiflung gebracht. Es wäre einfacher gewesen, alles entnervt hinzuwerfen und wegzurennen. Nach der Schlüssellänge verläuft die Route bis zum Gipfel verhältnismäßig einfach. Nina ist es wichtig,

»In diesem Moment war das alles keine Umgebung mehr, in der ich mich wohlfühlte. Vor mir eine kalte Wand und in meinem Nacken noch kälterer Nebel. Ich wollte das nur noch erledigen und verschwinden, den Kopf frei haben für andere Dinge.«

auf dem Gipfel zu stehen. Oben angekommen, weiß sie: So kann es nicht weitergehen.

Als sie nach Orbayu zum Petzl-Rocktrip weiterreisen, sind Cédric und Nina noch ein Paar. Seither sind sie beste Freunde.

Denn eine Frage wurde ihr an den Picos immer präsenter. War ihre Beziehung mit Cédric die Beziehung fürs Leben?

Die beiden sind ein derart eingespieltes Team, dass keiner je daran dachte, es würde sich etwas ändern. Es gibt auch keinen Anlass, und ganz ihrem Lebensmotto folgend scheren sich auch beide nicht darum, was die Zukunft bringen mag. Doch Nina kommt zu dem Schluss, dass es ihrer Beziehung an etwas fehlt. Das Zusammenleben mit Cédric fühlt sich zwar gut an, hat aber etwas Monotones: Es dreht sich nur ums Klettern. Es gibt eigentlich kein anderes Thema. Beide sind völlig gefangen in ihrem Film, möglichst viel und effizient zu klettern. »Je mehr ich uns mit anderen Paaren verglich, desto mehr hatte ich das Gefühl, dass wir einerseits extrem unternehmungslustig waren, andererseits aber auch total abgestumpft. Doch für Cédric stimmte es, es lag also an mir, etwas zu ändern.«

Als Cédric seine Wettkampfkarriere beendet, merkt Nina, dass sie nicht mehr mithalten kann und auch nicht will. »Ich bin auf seine Schiene eingebogen: ein Projekt nach dem anderen. An den Picos ist mir klar geworden, dass dieses Tempo mich überforderte. Und schließlich war das für mich das Zeichen, dass es nicht mehr stimmte.«

Schon früher hatte sie erkannt, dass es in ihr einen Drang nach etwas Neuem gab. Einmal gibt sie nach. Sie findet Gefallen an einem anderen Kletterer, ausgerechnet einem österreichischen Wettkampfkletterer und Konkurrenten von Cédric. Sie kommen zusammen. Cédric kann sich damit schwer abfinden, doch er stellt Nina nicht zur Rede. Für ihn ist das eine Angelegenheit, die unter Männern zu regeln ist – und zwar in aller Öffentlichkeit. Im Wettkampf läuft es schlecht für Cédric, er unterliegt dem Österreicher und muss mit dem dritten Platz vorliebnehmen, während sein Konkurrent Erster wird. Zahlreiche Zuschauer erwarten die Siegerehrung, als Cédric vor versammeltem Publikum auf die Bühne stürmt und dem Österreicher seinen Magnesiumbeutel ins Gesicht schlägt. Sein Verhalten wird von der Wettkampfleitung danach als grobe Unfairness eingestuft, seine wahren Beweggründe behält Cédric für sich. Nur Nina, die im Publikum sitzt, begreift. »Das hat mich sehr berührt, ich musste laut lachen und dachte mir: Eine bessere Liebesbekundung kann es eigentlich nicht geben. Cédric hat in Kauf genommen, dass man ihn für einen richtig schlechten Verlierer hält. Dabei ging es um mich.«

Damit endet Ninas Beziehung mit dem Österreicher, und sie kommt wieder mit Cédric zusammen. Doch obwohl sich die beiden kurzfristig wieder sehr nahe sind, verschwinden die Probleme nicht, die Nina in der Beziehung sieht. Cédric und Nina waren der Inbegriff eines Kletterpaars, das sich blind versteht und die gleichen Ziele verfolgt. »Und genau das war bezeichnend. Wir wurden beide immer in einem Atemzug genannt, und immer war Klettern

Dreh- und Angelpunkt. Wir stellten einfach nichts anderes dar, und das sah nicht nur nach außen so aus. Das war auch das, was mir selber bewusst wurde.«

Kapitel 5: Familie

Batroun, Libanon, 2. Juni 2018 103

Rumzigeunern ist wieder angesagt. Nur ist das im Libanon nicht so einfach wie in Europa. Die Vorstellung, sich hier irgendwo an den Straßenrand zu legen, erzeugt ein mulmiges Gefühl. Also steuern wir in der Dämmerung die Klippen an, wo wir eine ausgetrocknete Salzpfanne finden, die einen kreisrunden, ebenen Fleck in den spitzen Felsen bietet. Die Wellen schlagen rhythmisch an die Felsen, und in der Ferne schleicht ein Öltanker aus der Hafenstadt Tripoli. Nichts deutet auf Regen hin, und doch werden wir am frühen Morgen von schweren Regentropfen geweckt. Über uns stehen düstere Wolken, wir schaffen es gerade noch, die Schlafsäcke notdürftig in den Rucksack zu stopfen, und eilen dann über die Gleise zurück zum Auto. Das Gewitter entlädt sich mit voller Wucht über uns. Klitschnass kommen wir am Auto an, fahren los ohne Ziel. Bedürfnisse werden klein beim Rumzigeunern. Hauptsache, wir sind im Trockenen.

Als wir die Straße nach Tripoli gefunden haben, erzählt Nina allerdings, dass sie sich schon manchmal fragt, ob sie denn

»Mit dem Alleinsein habe ich kein Problem. Das ist ja das Blöde irgendwie. Oder besser gesagt: das, was mich in meiner Entscheidung bestätigt.«

ewig ein Zigeuner sein darf. Im letzten Jahr war sie mehr denn je mit dieser Frage konfrontiert. Erneut endete eine Beziehung, zwei Jahre lang war sie mit Benoit zusammen, einem Zimmermann, der aus Grenoble stammt. Zwei glückliche Jahre seien es gewesen, bis sie vor schwierige Entscheidungen gestellt wurde. Das »System« näherte sich, wie Nina es nennt und meint damit: Haus bauen, Kinder kriegen. »Viele Freunde in meinem Umfeld haben Kinder. Und im letzten Jahr habe ich mich dann oft gefragt, wie lange ich das noch so weitermache. Ich bin jetzt 31 Jahre alt und ich genieße mein Dasein. Aber wenn man eine Frau ist und das dreißigste Lebensjahr erreicht hat, fängt man langsam schon an, die Zukunft zu planen …« Der Denkanstoß kam aber vor allem von außen, von Benoit. »Ich mochte ihn sehr und war gleichzeitig aber auch immer mehr frustriert, weil ich spürte, in welche Richtung es ging. Er wollte, dass ich mich jetzt noch ein Jahr aufs Klettern fokussiere und dann ein neues Leben beginne. Wir waren drauf und dran ein Haus zu kaufen, ein schönes altes, das man renovieren konnte.«

Schon als Nina mit Cédric nach Grenoble zog, kauften sie gemeinsam eine Wohnung und bauten sie mit viel Herzblut um. Cédric ist gelernter Sanitär, und auch Nina entdeckte wieder ihre handwerkliche Seite, malte und verzierte das Badezimmer mit bunten Kacheln.

Zusammen mit Benoit ein Haus zu kaufen, es zu renovieren, fühlte sich richtig an. Und dennoch begann immer mehr Frustration in ihr zu wachsen, weil sie ihr altes Leben einschränken sollte. »Ich spürte, dass ich nicht bereit war. Noch nicht.« Sie zog die Notbremse, wollte sich selber treu bleiben, beendete die Beziehung mit Benoit. »Das war irgendwie unschön, aber auch notwendig. Und ich konnte mich ziemlich von diesem Stress lösen, indem ich sagte: 31 ist ja noch überhaupt kein Alter.« Mit dem Alleinsein hat Nina kein Problem. »Das ist ja das Blöde irgendwie. Oder besser gesagt: das, was mich in meiner Entscheidung bestätigt. Du bist mit einem Partner zusammen, und etwas stimmt nicht. Und alle um dich herum, das ganze System um dich herum sagt, wir seien gemacht, um einen Partner zu haben. Und mit dreißig musst du anfangen, die Zukunft abzusichern, ein gewisses Einkommen haben. Das Geld ist auch immer ein Riesenthema! Doch in mir drin war stets dieser Zigeuner, der sagt, dass es auch anders geht. Da dreht ein Partner durch. Der findet dann: Denk doch mal an uns, an unsere Zukunft und so weiter.«

Die tickende Uhr. Nina hat sich davon befreit. Elementare Ängste, wie jene, dass es eines Tages zu spät sein könnte, eine Familie zu gründen, hat sie in den Wind geschlagen. Und sie klingt nicht danach, als müsste sie sich selber eine Bestätigung vortragen, wenn sie sagt: »Das sind Sorgen, die sich mir irgendwie einfach nicht aufdrängen. Und dann wäre es ja absurd, wenn ich mir das künstlich einreden würde. Seit ich mich von Cédric getrennt habe, habe ich angefangen, meine Liebe auf Leute zu verteilen, die ich sehr gerne habe, anstatt meine ganze Liebe an einer Person aufzuhängen. Klar sind das keine Liebesverhältnisse im Sinne einer klassischen Partnerschaft. Wobei, was ist schon die klassische Partnerschaft? Ich glaube, viele Partnerschaften sind auch einfach eine Flucht, weil man das Alleinsein nicht aushält. Aber ist das

»Ich glaube, die einzige solide Liebe, die ich je hatte in meinem Leben, die immer da war und die immer da sein wird, ist die Liebe zum Klettern.«

wirklich Liebe? Ist es nicht eher ein Manko an Liebe, das von der scheinbaren Zweisamkeit verborgen wird?«

Tripoli kommt näher, Nina schaut konzentriert auf den turbulenten Verkehr um uns herum und findet immer wieder eine Lücke, in die sie hineinschießt, so dass sich unser Mietwagen auch im Stoßverkehr von Tripoli gut behauptet. Nach einer Weile sagt sie: »Ich glaube, die einzige solide Liebe, die ich je hatte in meinem Leben, die immer da war und die immer da sein wird, ist die Liebe zum Klettern. Das ist mein Grundstein. Und Beziehungen und Dramen und Herzbruch und dann wieder verliebt sein, das ist das Leben. Das kommt und geht, und da werden noch etliche kommen und gehen. Das ist nie stabil. Aber das Klettern ist stabil. Diese Liebe kann mir niemand nehmen.«

In Tripoli schlendern wir durch den Markt in der Altstadt, kaufen Gewürze, Seifen und Früchte und genießen den Blick über die Dächer, als wir auf einer Festung hoch über der schnaubenden Stadt stehen. Als wir unsere Fahrt fortsetzen, bemerke ich, dass Google uns auf die Route schickt, die wir laut Beat besser meiden sollten. Nina zuckt mit den Schultern, dreht die Musik an und braust los. Als wir die Stadt verlassen, zieht ein heftiges Gewitter auf. Ein Schild steht am Straßenrand, das uns bedeutet, dass wir gerade »The Land of Piece and Freedom« betreten. Das Gegenteil macht aber den Anschein. Auf der mit Schlaglöchern übersäten Straße sind sonst nur dröhnende Lastwagen unterwegs und Toyota-Pickups, bei denen es schwerfällt, die Assoziation zu ungemütlichen Rebellen zu unterdrücken. Auch nicht ermutigend sind die Menschen entlang den Straßen, die uns ernste Blicke zuwerfen. Vermut-

lich fährt hier selten ein Budget-Mietwagen vorbei mit einer Frau am Steuer ohne Kopftuch. Als dichter Nebel aufkommt, beträgt die Sichtweite vielleicht fünfzig Meter und wir werden still vor leichter Anspannung und etwas unterdrückter Neugierde, was sich demnächst aus dem Nebel erheben mag. Einmal sind es Soldaten, die an einem Brunnen Wasser tanken. »Lass uns hier schnell die Wasserflaschen füllen«, sagt Nina und lacht über ihren Scherz. Die Fahrt fühlt sich ein bisschen an wie ein Vordringen ins Weltall, der Mietwagen ist unsere schutzbietende Kapsel. Irgendwie wirkt draußen alles feindselig, und der Nebel leistet seinen Beitrag. Als wir eine Passhöhe erreichen, gibt der Nebel die Landschaft plötzlich frei und schüchterne Sonnenstrahlen wärmen. Wir halten auf einer Anhöhe und beobachten aus der Ferne einen Hirten, wie er seine Herde zusammentreibt. Der Boden ist braun, so weit das Auge reicht, wie übergroße Brokkoli stehen die typischen Zedern, die auch die libanesische Flagge zieren, verstreut herum. Die Bäume können bis zu tausend Jahre alt werden. Es ist ein friedlicher Anblick. Und die Vorstellung, dass die uralten Zedern große Teile der turbulenten Geschichte mitgemacht haben, die in den letzten zweitausend Jahren über das Land gefegt ist, fasziniert. Am nächsten Tag fahren wir nach Beirut und fliegen zurück in die Schweiz.

Küblis ist ein beschauliches Dorf mit Kirchturm, Dorfladen und einer Haltestelle der Rhätischen Bahn, die dort auf ihrem Weg von Chur ins Engadin Halt macht. Im Sommer wachsen die Matten rund um das Dorf zu üppigen, grünen Teppichen, und im Winter liegt genügend Schnee, dass die

Kinder den Weg zur Schule mit dem Schlitten bewältigen können. Seitlich des Talbodens erheben sich die Bergflanken, der Wald nimmt überhand, Geröll gesellt sich dazu, schließlich dünnt das Grün aus und felsige Spitzen ragen in den Himmel. Auf der Spitze des Rätschenhorns liegt manchmal bis in die Sommermonate Schnee. Ein Geschäft namens »Caprez Sport« preist die Bergwelt im Schaufenster an, die dort oben liegt. Hier ist Nina aufgewachsen.

Das Bauernhaus der Familie Caprez liegt etwas abseits des Dorfes, Prada heißt die kleine Siedlung, die zu Küblis gehört; lauter alte Holzhäuser am Hang mit viel Umschwung – Weiden, Obstbäume und friedliches Gebimmel von Kuhglocken. Nina huscht barfuß zwischen großen Reisetaschen herum, vollgestopft mit allem, was sie für ein wochenlanges Ausharren in der Felswand braucht: Seile, Expressschlingen, Beutelnahrung, Hängezelt, Matten, Schlafsack. Die Reißverschlüsse lassen sich nur widerwillig schließen. Plötzlich springt sie auf und holt die Kaffeekanne aus der Küche. »Fast hätte ich das Wichtigste vergessen«, sagt sie schmunzelnd.

Eben hatte die metallene Kanne in der kleinen Küche noch zufrieden gezischt, und ich setzte mich mit Ninas Mutter zum Kaffee hin, während Nina im Dorf noch eine Lieferung neuer Kletterschuhe abholte. Dass es einmal so weit kommen würde, habe sie nicht geahnt, sagte Annemarie mit Blick auf ein Wandbild: Nina als winzige Figur in einer Felswand des Rätikons. Das Bild wurde wenige Tage zuvor aufgenommen, als Nina die Begehung der Route »Headless Children« gelang, Annemarie verfolgte den Fortschritt. Sie begab sich auf die Alpweide am Fuße der Wand und erspähte ihre Tochter vierhundert Meter weiter oben.

Mit mulmigem Gefühl?

»Nein, das habe ich längst abgelegt. Nina weiß, was sie tut.« Die Antwort könnte auch anders klingen, denn sie hat auch die Schattenseiten der Bergwelt erlebt.

Annemarie erzählt vom Sommer 1989. »Freunde hatten ein Maiensäß unweit der Gampi Flue«, sie nickt zum Küchenfenster. Die Bergflanken ragen gleich hinter dem Haus steil empor. »Wir gingen mit den Kindern hoch, es sollte ein gemütliches Wochenende werden. Doch gegen Sonntagnachmittag verschlechterte sich das Wetter, es sah nach Regen aus. Ich sagte zu Robert, dass ich mit den Kindern etwas früher den Abstieg antrete, ich wollte das Postauto erwischen, bevor das Wetter kippt. Robert meinte, er komme nach, er wolle noch bei der Gampi Flue ein Edelweiß pflücken. Er machte das immer, wenn wir oben waren.« So trennte sich die Familie. Annemarie begab sich mit den Kindern talwärts, während Robert im steilen Gras bergauf ging und nach den weißen Blumen Ausschau hielt. Als Annemarie abends zuhause saß, kehrte Robert immer noch nicht zurück. Sie begann sich zu fragen. Das Wetter, die anbrechende Dunkelheit, die abschüssige Umgebung bei der Gampi Flue … Dann kam ein Freund vorbei. »Ich empfing ihn mit den Worten: Bitte sag mir, dass er nur ein Bein gebrochen hat.« Eine Antwort blieb aus, stattdessen wurde sie stumm in den Arm genommen.

»Man kann das gar nicht fassen«, sagt sie, den Blick immer wieder zum Küchenfenster gerichtet. »Man versucht, die Tragweite zu begreifen, dass er nie mehr kommt. Doch es gelingt nicht. Das zu realisieren dauert lange.«

Jeden Tag wacht sie danach mit der Hoffnung auf, dass es ein böser Traum war: Robert ausgerutscht in einem steilen Grashang, tot. Erst von den Freunden gefunden, die

sich Sorgen machten, als die Dunkelheit anbrach und Robert immer noch nicht beim Maiensäß aufgetaucht war. Wenn die Gewissheit eintritt, dass es kein böser Traum war, würde sie lieber im Bett liegen bleiben. Doch sie zwingt sich aufzustehen, melkt die Milchschafe, etwas, das normalerweise Robert machte – das erste Mal morgens um fünf, dann abends noch einmal. Von einem Tag auf den anderen ist Annemarie Caprez alleinerziehende Mutter dreier Kinder: Cathrin, sechs Jahre alt, Arno fünf und Nina zwei. Dazu kamen Milchschafe, Haushalt, Geldverdienen.

»Anfangs verfiel ich in einen Funktionsmodus. Der war gewissermaßen ein Segen, weil man beim Funktionieren nicht hadern kann. Doch ich bin immer wieder in tiefe Trauer verfallen und in eine Angst vor der Zukunft. Die Kinder fragten mich später oft, weshalb ich nicht einen Psychologen aufgesucht habe. Doch das war damals kein Thema. Ich hatte das Gefühl, dass es zum Leben gehört, ich müsste damit selber fertig werden. Heute würde ich es anders machen.«

Zwar war das familiäre Umfeld eine große Stütze. Man half Annemarie, wo man konnte. Doch was nicht handfest war, wurde nicht angesprochen. Mit der Bewältigung des Schicksalsschlags waren die Hinterbliebenen allein, suchten stumm ihre eigenen Antworten. Aufs Neue war Roberts Familie mit einem viel zu frühen Tod konfrontiert, wie damals, als sein jüngerer Bruder mit nur fünf Jahren in die Landquart gefallen und ertrunken war. Der Vorfall legte einen schweren Schatten auf die Familie. Annemarie wollte nicht, dass Roberts Tod zum Tabuthema wird. Sie erlaubte sich offen zu trauern, stellte aber fest, dass Kinder mit einer traurigen Mama nicht umgehen können. »Sie distanzierten sich, auch wenn ich ihnen erklärte, dass man weinen darf.« Robert sollte seinen Platz in der Familie weiterhin innehaben, auch wenn er sich selbst nicht mehr darum bemühen konnte.

»Nina war die unbeschwerteste, sie war ein *Ribbel*«, ein Lächeln huscht über Annemaries Gesicht. »Sie war erst zwei Jahre alt, als es geschah. Ihre Fröhlichkeit war ein Segen.« Nach dem Tod von Robert begann Annemarie im Sportgeschäft ihres Schwagers zu arbeiten, »Caprez Sport« heißt es noch heute, auch wenn der Schwager längst verkauft hat. Der Name ist gewachsen und geblieben. »Es war mir stets wichtig, dass die Kinder alle Möglichkeiten hatten, ihren Träumen nachzugehen. Die Ansage lautete: Wenn ihr etwas Neues beginnt – sei es Sport oder ein Instrument – dann macht ihr das sicher ein Jahr lang. Dann zieht ihr das durch.«

Obschon es den Tod des Vaters bedeutete, blieb Wandern eine feste Beschäftigung der Familie. »Es gab durchaus Unverständnis«, erinnert sich Annemarie, »die Leute sagten: Jetzt ist etwas so Schlimmes passiert beim Wandern, und du machst das wieder mit den Kindern?« Diese Sicht teilte sie nicht, für sie hatte Roberts Tod nicht direkt mit den Bergen zu tun, auch wenn er dort abstürzte. »Außerdem hegte er eine so große Liebe zu den Bergen, die ich nicht auslöschen wollte.«

116 Als Nina aus dem Dorf zurückkommt, hieven wir gemeinsam die Taschen in den Wagen. Dann verabschiedet sie sich von der Mutter mit einer kurzen Umarmung. Zwei Monate lang wird sie in den USA verbringen und sich an den Granitwänden des Yosemite-Nationalparks versuchen – was ihr vorschwebt, ist so etwas wie der Heilige Gral des Kletterns: eine freie Begehung der »Nose«. Vor 25 Jahren gelang der amerikanischen Kletterlegende Lynn Hill die erste freie Begehung der legendären Route am El Capitan: tausend Meter senkrechter Granit. Was Hill 1993 gelang, war ein Meilenstein des noch jungen Freikletterns, denn die Nose galt als unbezwingbar im freien Stil – und erst recht dachte niemand daran, dass eine Frau diese Nuss knacken würde. »It goes, boys«, waren die nüchternen Worte Lynn Hills an die Männerdomäne. Ihr Erfolg wurde natürlich irritiert zur Kenntnis genommen; bald tuschelte man, sie habe die Route nur frei klettern können, weil sie dünne Finger hatte, mit denen sie in den schmalen Rissen besser Halt fand. Bis heute gelang nach Hill nur einer Handvoll weiteren Kletterern und einer Kletterin eine freie Begehung. Anlässlich des 25-jährigen Jubiläums wird Hill (inzwischen 57-jährig) nochmals Hand an der Nose anlegen und dazu zusammen mit Nina eine Seilschaft bilden.

»Gib Sorg«, sagt Annemarie.

»Natürlich«, erwidert Nina lächelnd.

Es klingt routiniert.

»Ich komme sehr gerne hierher und verbringe Zeit mit der Familie«, sagt Nina danach im Auto. Wir fahren durchs Prättigau der Landquart entlang, die schnurgerade parallel zur Straße verläuft. »Doch nach einer gewissen Zeit habe ich wieder den Drang loszuziehen, meistens so nach drei Wochen. Dann muss ich raus aus dem Tal.«

Das Tal – die Umgebung, in der sie aufgewachsen ist. Wenn Nina vom »Tal« redet, spürt man eine Mischung aus ambivalenter Dankbarkeit: Dankbarkeit für das, was sie hier erleben durfte, aber auch Dankbarkeit, von hier wegzukommen, Horizonte zu verschieben und die weite Welt zu erschließen.

Zumindest geografisch betrachtet, war man in Prada Außenseiter. Die Natur war stets wichtiger als der Dorfplatz. »Wobei wir natürlich wie alle anderen Kinder auch ein Bedürfnis nach Fernsehen und Gameboy hatten. Mama war aber immer strikt dagegen, sie hatte Angst, dass uns das auf eine schiefe Bahn bringen könnte«, sagt Nina lachend. »Außerdem stellte sie uns eine Reise in Aussicht, wenn wir bis 18 nicht rauchten. Selber hat sie ein Leben lang geraucht und wollte nicht, dass wir dasselbe machen.«

Der Weg in die Schule dauerte eine halbe Stunde zu Fuß, im Winter nahmen sie den Schlitten. Im Herbst sammelten sie die Äpfel ein von den vielen Obstbäumen rund um das Haus und machten Most daraus. Stundenlang hingen sie im Wald herum, bauten Baumhütten und stauten Bäche. Nina wollte immer alles so machen, wie es die älteren Geschwister tun. Mit sechs Jahren brach sie sich den Arm, als sie von einem Baum fiel. »Der Wald härtet ab«, blickt sie heute nüchtern zurück. Der Wald war ihre erste Schule. Die zweite: der Haushalt. »Mama hat uns immer alle Grenzen klar kommuniziert, ob das jetzt finanzielle waren oder zeitliche. Sie hat dann einfach gesagt: Schaut, es reicht nicht für Ferien im Ausland, wir können aber auch etwas Tolles in der Schweiz unternehmen! Oder sie sagte: Nina, du bist schon um 11 Uhr zuhause, ich komme erst um 12 Uhr von der Arbeit. Bitte fang an zu kochen. Dafür, wie sie diese Situation gemeistert hat, bin ich ihr sehr dankbar. Ich habe mit zehn Jahren gelernt zu kochen, Wäsche zu machen und so weiter. Das hat mich geprägt.«

Bei Grüsch, einem kleinen Dorf am Anfang des Prättigaus, biegen wir ab. Hier wohnt Arno, Ninas Bruder. Er wartet bereits mit einer frisch gekochten Kürbissuppe, Brot, Käse und Salsiz. Dazu Most von den eigenen Apfelbäumen in Küblis. Ein böiger Wind weht vom Rheintal ins Prättigau und trägt Servietten weg, als wir uns an den Tisch vor dem Einfamilienhaus setzen. Es ist Samstag, doch für Arno ist auch heute ausnahmsweise ein Arbeitstag. Er baut die Garage am Haus zu einem weiteren Wohnraum um, Nina ist gekommen, um ihm zu helfen. Sie versteht sich gut mit ihrem Bruder, schon immer waren sie eng verbunden. Auch wenn sie ziemlich unterschiedlich daherkommen. Arno begann zuerst mit Klettern, und als die kleine Schwester ihm plötzlich voraus war, konnte er sich gut damit abfinden. Sein Fokus galt dem akademischen Weg, der Nina nach Abschluss der Diplommittelschule auch offen gestanden wäre. Während sie aber ihre Zukunft an Felswänden sah, wo keine existenziellen Sicherheiten, dafür Erlebnisse als Lohn winkten, studierte Arno Bauingenieur an der ETH und arbeitet heute in dem gelernten Beruf. Als das Gespräch auf die Arbeit kommt, sagt Arno: »Ich brauche einen geregelten Arbeitstag.« Und Nina entgegnet: »Ich käme mir gefangen vor.« Dann lachen beide, als wäre ihnen ihre Verbundenheit selber ein Rätsel.

Nach dem Essen schneidet Arno mit der Kreissäge Holzbalken in gleichlange Stücke, zeichnet mit dem Kugelschreiber an, wo die Löcher hin müssen, und Nina schnappt sich die Bohrmaschine. Als alle Balken gelöchert sind, schrauben sie sie gemeinsam an die Decke, millimetergenau passen sie zwischen die beiden Seitenwände. Auf die Bemerkung, dass ihr Handwerk so geübt wirkt, als ob die beiden täglich gemeinsam auf Baustellen stünden, sagt Nina lachend: »Immerhin habe ich ein dreimonatiges Praktikum als Schreinerin gemacht.«

Sie zeigt auf eine kleine Holzhütte im Garten, eine Spielburg für Arnos Kinder. »Die haben wir auch gemeinsam gezimmert.« Ihre beiden Wohnungen in Grenoble hat Nina ebenfalls eigenhändig ausgebaut. Vielleicht wäre sie

Handwerkerin geworden oder Künstlerin. Oder sie hätte studiert. Wäre da nicht das Klettern in ihr Leben gedrungen.

Schlusswort: Ebbe und Flut

Drei Monate später ist es vorbei mit den saftigen Wiesen im Prättigau, oben fällt wenig Schnee, unten spiegeln sich die Lichter der Autos in der nassen Straße, es will bereits dunkel werden. Umso zielstrebiger betritt man das Haus in Prada, der Holzbau strahlt Wärme und Gemütlichkeit aus. Hier könnte man gut und gerne den Rest des Jahres verfaulenzen: Weihnachtsplätzchen backen, heiße Getränke trinken, ein Buch lesen und sonst nichts tun, außer ab und zu in die große Badewanne steigen und den Berggipfeln zuschauen, wie sie sich draußen in Wolken hüllen und frieren.

Sie faste seit vier Tagen, sagt Nina. Saftwoche. Eine Schachtel Biotta-Säfte steht auf dem Boden: Dörrpflaumen wechseln sich mit Tomaten ab. »Nach zwei Monaten USA fühlt sich mein Körper an wie eine Mülltonne.« Seit einer Woche ist sie aus den USA zurück, erholt sich von der anstrengenden Zeit im Yosemite und vom Jetlag, indem sie alles ganz langsam angeht. Es gibt nichts mehr zu erledigen in diesem Jahr, und das nächste braucht nicht geplant zu werden. Ein paar Ideen habe sie schon, wenige Termine im Januar auch. »Ansonsten ist 2019 ein großes weißes Blatt.«

Nina ist einerseits sehr zielstrebig und doch ist sie keine Getriebene. Sie kann sich Zeit nehmen. Auch wenn sie einmal den Satz schrieb: »Immer, wenn mich etwas bremst, neige ich dazu, dieses Element aus meinem Leben zu entfernen und vorwärts zu gehen.«

Es gibt Phasen des Tatendrangs und Phasen des Seins in ihrem Leben, die sich abwechseln wie Ebbe und Flut. Als ich sie im September vor ihrer Abreise getroffen hatte, war Tatendrang, Flut: Dinge mussten erledigt werden, viel Zeit blieb nicht, das Flugzeug wartete, ein Projekt stand an und sie sagte: »Ich komme gerne nach Hause, doch nach einer gewissen Weile muss ich wieder losziehen.« Dann baute sie mit Arno am Haus und reiste abends noch nach Lugano, wo sie ihren neuen Freund traf.

Jetzt ist sie zuhause, wärmt ihren Tomatensaft auf, während Annemarie und ich ein Pilzomelett essen aus Eiern, die Nina am Morgen beim Bauern nebenan holte. »Die waren noch warm, Dreck klebte noch dran.« Sie geht früh schlafen und wacht erst nach dreizehn Stunden wieder auf. Ebbe.

Vier Meter hatten ihr am Ende in der Nose gefehlt – sämtliche Seillängen der tausend Meter hohen Wand konnte sie frei klettern, bis auf jene vier Meter in den »Changing Corners«, wo man in eine grifflose Verschneidung hineinklettert. Zu halten gibt es nur eine rechtwinklige Kante, während man die Füße auf einer senkrechten Platte auf Reibung anstellt. »Man muss sich das vorstellen, als wenn man versuchen würde, an einer Hausecke hochzukommen. Es braucht enorme Körperspannung, und jede Bewegung muss genau sitzen. Nach zwei, drei Versuchen ist man komplett ausgelaugt.«

Nachdem Hill 1993 die erste freie Begehung gelungen war, bewertete sie die Route mit 8a+. Danach schaffte jahrelang niemand eine Wiederholung, weshalb die Gescheiterten einen höheren Grad vorschlugen. Heute wird die Route mit 8b+ bewertet. Die erste Schlüssellänge ist das »Great Roof«, man klettert entlang eines feinen Risses unter einem riesigen Felsdach hindurch. »Als ich nach einem gescheiterten Versuch im Great Roof bei Lynn am Stand hing, sagte ich zu ihr: ›Wow Lynn … Ich weiß nicht, ob ich das hinkriege und du hast das vor 25 Jahren schon gemeistert.‹ Da hatte sie Tränen in den Augen, als sie erkannte, dass sich andere auch 2018 noch die Zähne ausbeißen an dieser Route.« Die freie Begehung der Nose war 1993 »höchste Liga« und ist es bis heute. Die wenigen Begehungen, die es in den letzten 25 Jahren gab, machen das deutlich, ebenso dass die Nose auf Wikipedias »Liste bedeutender Kletterrouten« ganz oben notiert ist.

»Die Nose rennt nicht weg. Ich bin jetzt umso motivierter fürs nächste Jahr«, sagt Nina, darauf angesprochen, ob sie den verpassten vier Metern nicht nachtrauert. Sie überlegt eine Weile und fügt dann an: »Im Grunde ist das ja immer gleich bei Projekten, egal welcher Art. Sie zu erarbeiten ist spannend, Fortschritte sehen, daran wachsen. Abschließen ist dann nur noch das Pünktchen auf dem i, dann ist es fertig. Doch insgeheim wünscht man sich, es wäre nicht vorbei.« Nina betrachtet ihre Kletterprojekte längst

»Ich habe für mich jedenfalls nie das Klettern in Frage gestellt.
Ich behaupte: Wenn es morgen mit mir zu Ende sein sollte, meinetwegen durch einen Kletterunfall, ich würde retrospektiv nichts anders machen.«

COFFEE
AND GO
PLAN B
RUE de
VALDONNAIS

losgelöst von Erfolg oder Misserfolg, sondern als eigentlich fiktive Ziele, die zu erreichen weniger wichtig ist als das, was man auf dem Weg dorthin erlebt. Der Weg ist das Ziel.

»Lynn hat mich sehr inspiriert. Sie lebt das Klettern immer noch durch und durch. Wenn wir abends auf dem Zeltplatz eine Stelle diskutierten, sprang sie sofort auf und ahmte die Züge nach. Sie ist eine Person, die einen mit ihrer Ausstrahlung beflügelt, sie will förmlich, dass man das Beste aus sich herausholt, und gibt einem einfach das Gefühl, ein guter Mensch zu sein und sich auf einem guten Weg zu befinden. Das Klettern stellt nur die Basis dar, auf der sie sich zu dem Menschen entwickelte, der sie ist. Und das würde ich von mir auch behaupten.«

Weitere Porträts bei kurz & bündig Verlag

Jürgen von der Lippe
Komiker. Klugscheißer. Koch.
ISBN 978-3-907126-04-2

Mikis Theodorakis
Komponist. Friedensstifter. Volksheld.
ISBN 978-3-907126-02-8

Susanne Fröhlich
Abspeck-Expertin. Frankfurter Pflanze. Sprachathletin.
ISBN 978-3-907126-05-9

Inka Bause
Moderatorin. Sängerin. Botschafterin.
ISBN 978-3-907126-08-0

Roger Federer
Weltsportler. Ballverliebter. Wohltäter.
ISBN 978-3-907126-00-4

Pedro Lenz
Autor. Maurer. YB-Fan.
ISBN 978-3-907126-03-5

Stefanie Sargnagel
Autorin. Burschenschaftlerin. Matriarchin. Rotkäppchen.
ISBN 978-3-907126-06-6

Ottmar Hitzfeld
Erscheint April 2019
Fußballverrückter. Mutmacher. Menschenfänger.
ISBN 978-3-907126-09-7

Hartmut Engler
Erscheint Mai 2019
PUR. Popstar. Poet.
ISBN 978-3-907126-10-3

Erhältlich im Buchhandel oder bei www.kurz-und-buendig-verlag.com